口絵1　中央研究院胡適紀念館
（台北：筆者撮影）

台北市南港区にある中央研究院は中華民国を代表する学術研究機関であり、胡適は晩年の4年間に院長を務めた。その院内には当時の院長邸宅が「胡適紀念館」として保存されている。

口絵2　胡適公園

（台北：筆者撮影）

中央研究院の真向かいに緑豊かな小高い丘がある。丘の上には胡適の墓園があり、公園のふもとには胡適の嘉言が並んでいる。当該学区の国民小学では、生活科の一環で胡適公園を訪れ、地域の自然に親しみ、胡適を題材とした人物学習を深められるようにしている。

山下大喜
Daiki YAMASHITA

中国近代における「国語科」の創成

胡適の思想的模索

The Creation of Curriculum Standards for Language Education in Modern China: Hu Shih's Contemplation and Practice

九州大学出版会
Kyushu University Press

目次

凡例

・文献の刊行年を含め本文中での年月日は西暦を基本とする。
・原則として当用の漢字を基本とする。原文の趣に沿うため、繁体字で表記し、史料的性格からそのままの表現を引用している箇所がある。
・引用文における省略については、…〔中略〕…または…〔以後略〕で示した。
・本文・引用文における注釈は括弧内で示した。
・引用文における傍線部は引用者によるものである。

序章

第一節　本書の問題意識

筆者が台湾の国民小学を訪れ、授業参観を終えたのちに、校長先生と研究談義をする機会があった。そのとき、筆者が「胡適を研究しています」と言うと、校長先生は「胡適は『国語』を創った有名な歴史上の人物ですね」と続けた。筆者は校長先生が「国語」とおっしゃったことに強い印象をおぼえた。ここでの「国語」とは、清朝末期から中華民国初期に創成への模索がなされたものである。現代台湾で学習される「国語」の思想史的淵源を考えたとき、教育近代化とともに「国語科」を創成しようとした胡適の模索をみることができる。本書は、この何気ないやりとりから大きな着想を得て、「国語科」のカリキュラム史と胡適をはじめとする知識人たちの模索に迫ろうとしたものである。

二〇一四年に公布、二〇一九年から順次実施されている台湾の「十二年国民基本教育課程綱要」の冒頭にある「修訂背景」には、「我が国は一九二九年（民国十八年）にナショナル・カリキュラムの規範を定め、それ以後、数次にわたって改訂を重ねてきた」と記されている。[1]ここでいう「我が国」とは「中華民国」のことを指し、一九二九年は南京国民政府が北伐の完了にともなって「中国」の再統一を果たした時期でもある。この「中国」再統一を背景にナショナリズムの高まりと国権回収運動が展開され、「新たな恒久的な国家シンボル体系の整備が急速に進められた」。[2]このことをふまえれば、「修訂背景」は南京国民政府による「中国」再統一を起点としたものであり、一九四九年を境界線として中国大陸と台湾で「空間的断絶」があるものの、中華民国が「時間的連続」をもって今日まで存続していることをあらわした記述となっている。[3]ここで着目したいのは、南京国民政府による「中国」再統一の過程において、「国内的承認と国際的承認をいかにして獲得するのか」という「北京政府に取って代わるだけの正当性の根拠を示す必要があった」ことである。[4]実際に、蔡元培は南京国民政府において中央教育行政を担う大学院の院長に就任し、そのなかで北京政府の教育部が官僚化し腐敗していたとまで記している。[5]確かに、北京政府期のように軍閥が割拠しているもとで、教育予算の十分な確保や教育政策の全国的普及はきわめて困難であった。この歴史叙述に沿うのであれば、北京政府のもとで展開された教育政策は厚く叙述されないことになる。しかしながら、清朝末期から民国初期では教育改革の展開に多くの難題を抱える一方で、そうしたなかでも当該時期において近代的な学校教育制度の確立が国際的な新教育運動を背景としながら模索されていたことは大いに特筆すべきことである。

まず清末では、隣国としての地理的な近さから日本への留学や教育視察が相次ぎ、明治日本で整備されつつあった近代学校教育制度が大いに参照された。清末から民国期へと至り、五四時期を契機として、[6]胡適をはじめとしたアメリカ留学経験者の活躍やジョン・デューイの中国長期滞在に象徴されるような形で、国際的な新教育運動を背景とした教育改革が展開されるようになった。このような教育改革の動向変化を「日本モデル」から「アメリカモデル」への転換とする見方は、阿部洋の研究によるところが大きい。[7]

しかし、近年の研究では、五四時期を契機としたアメリカからの影響をふまえながらも、教育政策の思想的背景や成立過程において、中国の独自的な展開が存在したことについて論究が進んでいる。例えば、一九二二年の新学制（壬戌学制）については、これまでアメリカをモデルとして「六・三・三制」が取り入れられたものであると評価されてきた。こうした見方に対して、今井航や楊文海の研究により、実際には、各地方の実情に合わせて修業年限が異なる弾力性に富んだ学制であったと見直しが進められている[8]。

上記の研究背景をふまえ、本書では壬戌学制を受けて編成された一九二三年の新しいカリキュラム（新学制課程標準綱要）に着目する[9]。ここで先述した近代的な学校教育制度の確立と関連させれば、この「新学制課程標準綱要」は以下の二点において特筆すべきことがある。第一に、この「新学制課程標準綱要」において「課程標準綱要」という表現が使われている点である。ここでの「課程標準綱要」とは、文字通り「Curriculum Standards」の訳語であり、清末から民国初期にかけてはみられなかった表現である。「Curriculum Standards」の創成によって、校種間の接続などがみられる体系的なカリキュラム構造となった。第二に、この「新学制課程標準綱要」において、国語教育については「国文科」から「国語科」へと科目名が改められた点である。この「国文科」から「国語科」への改訂は、単に制度史としての名称変更ではなく、近代国民国家建設の必要性から「国語」が意識化され、「言語的近代[10]」として文学革命と密接に相互作用しながら進行していったものである。「国語科」の創成をそうした視角でとらえるならば、文学革命の口火を切った胡適が果たした役割をその歴史的過程に見出すことができる。

そこで、本書では、「国語科」創成へと至る過程をふまえながら、その歴史的過程で胡適がどのような模索をしていたのかについて明らかにする。中国近代教育史の課題として、高田幸男は、「(一) 教育政策の再検討」、「(二) 教員組織の動態的把握」、「(三) 地域社会との関係性」、「(四) 人物研究」があるとしている[11]。そのなかでも、本書は、「(一) 教育政策の再検討」として「国語科」創成の歴史的過程に着目し、「(四) 人物研究」としてその歴史的過程で胡適が果たした役割へ迫ろうとするものであると位置づけることができる。

この目的を達成するために、国際的な思想交流をふまえながら中国近代の位相とそこに内在する多様な潮流を意識しながら、「国語科」創成にみられる胡適が果たした役割を論じていく。具体的に、中国近代の多様性について、佐藤慎一は、「何らかのゴール、例えばマルクス主義や毛沢東思想の勝利というようなゴールに収斂する過程として描くのではなく、むしろマルクス主義と対立する様々な思想潮流を含めて、この時代の思想的多様性を描き出すことに力を注ぐべき」であるとしている。[12] 例えば、文学革命の基盤となった『新青年』を例にとっても、章清が論じるように、同人雑誌でありながら執筆陣の思想的背景は元から一様ではなく、政治問題に直面するにつれて次第に分裂傾向が鮮明となった。[13]『新青年』の陣営分化とマルクス主義との論争関係は、胡適がアメリカ留学時代に師事したデューイからの影響を鮮明に自覚化するきっかけとなった。さらに、マルクス主義との論争関係を含みながら胡適思想の命脈が台湾へと連なっていくことをふまえるならば、本書で明らかとなる胡適の思想的模索は現代台湾が拠って立つ「国語」の思想史的淵源を映し出すことにもつながるのである。[14]

第二節　先行研究の検討と論点整理

本書において「国語」は研究主題をあらわす重要なキーワードである。ここでいう「国語」とは、村田雄二郎が論じるように、「近代国家形成の過程でつくり出され、学校教育やマスメディアを通じて普及が図られてきたことば」のことを指している。[15] 小国喜弘は、「現実には錯雑たる混交的文化を、あたかも調和的で均質な『国民文化』であるかのように人びとが無意識のうちに見なしてしまうような認識枠組みを提供したり、『国民』の標準的な文化と規範の獲得を人びとに動機づける上で、歴史上大きな役割を果たしたのが学校教育であった」としている[16]。学校教育のなかでも、例えば、歴史教育によって国民国家の一員としてこれまでたどってきた物語とその時間感覚の共有化が浸透していくことになる[17]。これに加えて、近代国民国家では、言語の共有化、すなわち「共通語」、「国家語」の形成によって国家に対する帰属意識とそれぞれが言語を通じてつながり合う共同体意識を育む必要がある。そこで重要な役割を果たすのが国語教育である。

上記のように「国語」を近代国民国家と密着したものととらえるならば、「国語」はナショナリズムとも深い関係をもつことになる。一九九〇年代を皮切りに中国近代史研究でもナショナリズムとの関係が論じられるようになった[18]。そこでよく参照されるベネディクト・アンダーソンは、神聖な言語を媒介とした古典的共同体はその言語固有の神聖性に自信をもち、その文語が死語になっていればいるほど、口語から離れていればいるほどよかったとしている[19]。アンダーソンはラテン語などとともに中国語（Written Chinese）を例にあげている。古典的共同体において文語は特定の階層に独占的でかつ難解なものであり、日常語との乖離は甚だしいものであった。中国近代にとってもこの状況を克服する必要があり、その論壇に登場してきたのが胡適である。さらに、アンダーソンの議論におけるもう一つの特徴は、「想像のつながり（Imagined linkage）」の源泉に「出版資本主義（Print capitalism）」を見出した点である[20]。新聞、雑誌、小説などのメディアを媒介に印刷された言葉が出版語としてマーケットへと幅広く流通することにより、「交換とコミュニケーションの統一的な場」が創造され、そこで生まれた「想像のつながり」が「近代国家登場の舞台」を準備したとアンダーソンは述べている[21]。ここで着目したいのがメディア数の拡大とその流通経路である。本書で扱う清末、とりわけ二十世紀初頭以降においても、吉澤誠一郎が論じるように、「新聞・雑誌の刊行は、十九世紀と比べても飛躍的に情報量を増やし」、「全国的な情報媒体が成立したとはまだ言えないが、その方向性が芽生えたことは確かである」[22]。清末におけるメディアの発達により、新思想、政論、新文学など数多くの情報がもたらされ、そこで形成されたゆるやかな連帯意識が近代化への動きを下支えした。本書で取りあげる胡適はそうした清末の思想空間で自らの知を育み、アメリカ留学経験を経て、『新青年』を中心に自らが発信する立場になっていくのである。

（一）胡適の思想的営為

胡適は中国近代を代表する知識人であり、その影響は文学、哲学、思想、歴史、教育など多岐にわたっている。胡適は一八九一年に生まれ、公費留学でアメリカ留学に行くまでは学堂で数々の新思想にふれている。なかでも、トマス・ヘンリー・ハクスリーの翻訳書にあった「適者生存」に感銘を受けて、「適」をとって「胡適」と名乗るようになった。アメリカ留学の後半（一九一五年―一九一七年）では、コロンビア大学でデューイに師事した。留学後には北京大学に着任し、文学革命の口火を切った存在として論壇の中核を担った。その後は、駐米大使、北京大学学長など要職を歴任し、国共内戦後はアメリカでの生活を経て台湾へと渡った。晩年は最高学術機関である中央研究院の院長を務め、学術振興と地域発展に尽くした。胡適の業績について、一九五〇年代半ばでは徹底した階級闘争の一環として胡適への批判運動が展開され、デューイ哲学を「曲解」しているとまで評された[23]。文化大革命を経て改革開放期へ至ると、自由主義の高まりからデューイとともに再評価されるようになった[24]。現在では、大陸と台湾の双方で胡適の伝記的研究も数多く存在する[25]。

「国語科」の創成をとらえるにあたって、まず重要となるのは胡適がいかにして文学革命の口火を切る存在となったのかという点である。アメリカ留学中に『新青年』へ寄稿した「文学改良芻議」（一九一七年一月）を文学革命の発火点として特筆することが多い。これまでも西洋文学からの影響を論じた王光和の研究[26]、イプセン主義の受容を論じた清水賢一郎の研究[27]がある。留学前に胡適は清末の学堂時代において梁啓超や厳復のテキストに接し、新思想、新文学の影響を受けていた。そして、アメリカ留学期には中国文学、中国哲学を学ぶとともに、一九一五年の夏休みからは学友らと文学論議に身を投じるようになる。その文学論議の過程において、同じくアメリカに留学していた梅光迪や『新青年』を主宰していた陳独秀とのやりとりを通じて、八か条の形で個別具体的な文学革命の条項を記した「文学改良芻議」へと結実した。一連の過程は胡適が論壇へと登場してきた過程そのものであり、その過程から胡適がどのような思想空間で自らの知を育んだのかという点が明らかとなる。

次いで、胡適が「新文学」の構想を模索しつつ、「伝統」との接続をどのように試みていたのかという点である。ここで想起されるのがエリック・ホブズボームによる「伝統の創造（Invention of Tradition）」の議論である。ホブズボームは、「伝統」を「常に歴史的につじつまのあう過去と連続性を築こうとするもの」として、それは急激な社会変革をともなう状況で「創造」されたものであるとしている。[28]吉野耕作の整理にあるように、ここでのホブズボームの議論は「『伝統』と近代社会の関係を重視する立場」であり、「視点としての『伝統の創造』は近代主義（Modernism）と歴史主義（Historicism）の接点を提示していると読み込むことが可能である」。[29]近年では、鄭大華の研究によって、胡適を欧化主義とする見方の見直しが進められている。[30]確かに、胡適は無批判的に外国から思想を受容することに懐疑的であった。反伝統主義についていえば、コロンビア大学での博士論文（The Development of the Logical Method in Ancient China）において、胡適は反伝統としての儒教批判を展開しつつ、中国古代哲学にとってより意義ある歴史的文脈の再発掘を試みようとした。これは反伝統としての儒教批判を根底としながらも、胡適が新たに「近代主義と歴史主義の接点」を中国古代哲学から探ろうとしていたあらわれでもある。文学革命では、「白話」を「新文学」の書き言葉として再評価し、口語文学の確立を目ざしながら、対置関係にある難解な「古文」を「死」に追いやろうとした。ただし、「国語科」の教育内容としては「古文」を完全に否定することはできなかった。そこで、胡適は「近代主義と歴史主義の接点」を探る模索を自らの国語教育論にも援用し、採用すべき「古文」

教材の条件を提示するに至ったのである。

(二)「国語」と「国語科」

続いて、「国語」および「国語科」にかかわる課題の整理へうつっていきたい。そこで、まず特筆すべきは、日本側で蓄積されてきた中国近代の「国語」の創成にかかわる研究群である。近現代中国の言語政策を体系的に論じた大原信一の研究[31]、藤井(宮西)久美子の研究[32]がある。また、文白(文言と白話)、国音と京音の論議を思想史的アプローチから論じた村田雄二郎の研究[33]、清末から民国初期にかけて章炳麟が果たした役割を論じた林少陽の研究[34]、言語学史の観点から文学革命でメディアが果たした機能(「目の文学革命」、「耳の文学革命」)を論じた平田昌司の研究[35]がある。思想史、言語学史に着目した村田雄二郎、林少陽、平田昌司の研究からは中国近代の「国語」をめぐる思想潮流をみてとることができ、中国語圏の研究でも広く参照されている[36]。近年では、中国語圏でも崔明海の研究[37]や王東杰の研究[38]にみられるように、近代国語運動史がナショナリズム研究の知見をふまえ議論されるようになった。これら日中で蓄積されてきた一連の研究は「国語科」の思想的背景を考察するうえで重要なものである。

近現代中国の国語教育史については、まずその歴史を総説的に論じた李杏保、顧黄初の研究がある[39]。鄭国民の研究では、清末から民国期にみられた文白をめぐる教授法の変遷が論じられている[40]。近年では、各学校段階における国語教育の確立がどのように展開されたのか論究されるようになっている。沈衛威の研究[41]、張伝敏の研究[42]では、民国期の高等教育において「国語」や「文学」についての科目がどのように整備されたのか論じられている。民国期中学の国語教科書に着目した李斌の研究[43]、中学の文学教育および小学での児童文学教育については張心科の研究[44]、一連の諸運動で見出された「新文学」が中学の国語教育でどのように位置づけられたのかについては劉緒才の研究[45]がある。また、地域史として湖南省における国語教育の展開を論じた周敏の研究[46]、思想史的アプローチから黎錦熙、胡適、葉聖陶に着目して国語教育思想の形成を論じた張哲英の研究[47]がある。

ここで着目したいのが、近現代中国の国語教育カリキュラム史を論じた王明建の研究[48]、張心科の研究[49]である。張心科の研究で論じられているように、一九二〇年代以降において「国文」と「国語」の意味範囲や包含関係について論争が展開されたものの、壬戌学制にともなう「国文科」から「国語科」への改訂がカリキュラム史の大きなメルクマールになっていることは疑う余地もない。藤井省三は、清末に制定された「国文科」は文言文を基調とした儒教的イデオロギーを背負っていたのに対して、「国語科」は民国期に入って共和政とともに国民国家の基盤となる共通語普及のため新たに登場してきたものであると論じている。[50]斎藤秋男は、一九二三年の「国語科」創成について、「清末以来の国語運動、『新青年』を舞台とした文学革命の進展が、デューイ教育理論とともに浸透した児童中心主義の教育観と融けあって、実を結んだ」ものであると位置づけている。[51]銭理群は、「国語科」創成の思想的背景として口語文学の確立を目指した文学革命との関係性を見出し、文学革命と国語教育改革が相互作用しながら進行していったことは必然的なものであったとしている。[52]これらの指摘をふまえるならば、文学革命の口火を切る存在となった胡適が「国語科」創成に果たした役割の重大性を改めて認識させられることになる。先述した研究蓄積を含め、これまでにおいても、壬戌学制の制定に胡適が関与したことや胡適が文学革命とともに自らの国語教育論を展開したことが言及されてきた。[53]しかしながら、従来の諸研究では、文学革命と国語教育改革の具体的な関係性、および胡適が「国語科」創成に果たした具体的な役割について十分な考察がなされているとは言い難い。そこで、本書では下記の二点に着目して、研究史にみられる課題の克服を試みる。

第一に、五四時期の文学革命において「国語」の創成や口語文学を基盤とした新文学建設が議論されつつも、その論議のなかには常に国語教育の必要性が含まれていた点である。清末からみられた国語統一運動は戊戌変法の頓挫により日本へ亡命していた王照や労乃宣によって基礎が築かれ、その主張には実用的な国語教育の必要性が含まれていた。[54] 胡適が発火点となった五四時期の文学革命でも国語教育論への展開がみられた。本書では、国語教育論への展開がみられた点として、胡適による「建設的文学革命論」（一九一八年四月）を重点的に検討する。「建設的文学革命論」によって論壇の拡大、国語統一運動と文学革命の合流がなされた。この後に、胡適は低学年から口語を基盤とした国語教育を順次実施するべきであると説いていく。文学革命から展開された国語教育論に着目することで、文学革命と国語教育改革の具体的な関係性を克明にすることができる。

第二に、論壇で展開された国語教育の必要性を具現化する機能を果たした審議会に着目することである。清末において国語統一運動の基礎が築かれ、民国期に入ると教育部に読音統一会が設置される。いわば、「国語」の創成が教育行政上の重要課題として取り組まれるようになったのである。その後、袁世凱政権で一時的な停滞がみられるものの、一九一九年に教育部の附属機関として国語統一籌備会が設置された。この国語統一籌備会には胡適も参画し、低学年から国語教育を順次実施していくことなどが議決された。このように教育部で審議会が設けられたことで、政策的進展が大いに進んでいくことになる。北京政府期に特徴的なのは、金子肇による「中央」と「地方」の視角を援用するならば、「中央」の教育部による議決で力強さを出しつつ、「地方」との「各省の合意」を形成するための審議会が大きな機能を果たしていた点である。[55] 特に、本書において重点的に取りあげるのが全国教育会連合会である。一九一五年から凡そ年に一回開催されていた全国教育会連合会には各省代表の教育者や知識人が参集し、そこでの議決は教育部の政策決定に大きな影響を及ぼしていた。先にもあげた壬戌学制の研究ではその成立過程において全国教育会連合会がどのような役割を果たしたのか論究が進んでいる。[56] 胡適も第八回全国教育会連合会（一九二二年十月）に北京代表として参加した。ここで重要となるのは、第八回全国教育会連合会のもとに組織された新学制課程標準起草委員会である。ここで、壬戌学制にともなう新しいカリキュラムの編成が審議された。胡適は全体を統括する公選委員を務めるとともに、「国語科」の編成と起草を担当した。一点目にあげた国語教育論の展開をふまえながら、審議会の動向を明らかにすることで、「国語科」創成へと至る歴史的過程において胡適が果たした役割とその思想史的意義を克明にすることができる。

第三節　本書の構成

以上の研究背景をもとに、本書を以下のような構成とする。

第一章では、近代的な「国語」意識に着目し、明治日本を結節環としながら近代的な「国語」意識が清末へと連鎖していったことを示す。ここで特筆すべきは国語学を牽引した上田万年が伊澤修二の著作を参照しながら議論を展開していた点である。伊澤修二は台湾での経験を背景に国家主義的な国語教育論を展開していた。近代的な「国語」意識が清末へと連鎖したきっかけの一つが伊澤修二による影響であり、清末に形成された国語統一運動もこの連鎖によって基礎づけられたものであった。こうした思想交流を経て一九〇四年の奏定学堂章程に「官話」が位置づけられるに至ったのである。

第二章では、アメリカ留学を通じて胡適がいかに文学論を形成したのかについて論じる。胡適は清末の学堂時代において厳復や梁啓超のテキストに接し、自ら創作も試みていた。アメリカ留学期では、とりわけ一九一五年の夏休み以降、中国人の学友たちとの文学論議を展開した。そのなかでも文化保守主義をとった梅光迪との論争関係と『新青年』を主宰していた陳独秀とのやりとりを通じて、胡適による文学革命の八か条が形成されたことを示す。これらをふまえながら、胡適がラテン語からの脱却をはかるルネサンスとの歴史的類似性を見出し、自らの運動を「中国的文芸復興（Chinese Renaissance）」として意義づけしていたことに着目する。このルネサンス史の援用は胡適が

「建設的文学革命論」で提示した「国語的文学・文学的国語」の思想的基底になったことを論じる。

第三章では、胡適によるデューイ思想の受容に焦点をあてて、胡適がその影響を自覚化するに至った過程について論じる。アメリカ留学の後半にあたる一九一五年から一九一七年まで、胡適はコロンビア大学でデューイに師事した。デューイのもとでは複数の中国人留学生が学んでおり、そうした指導生たちが後にデューイ訪中を計画することになる。まず胡適がどのような形でデューイと接点をもち、その接点をもとにどのような射程でデューイ思想をとらえたのかについて明らかにする。帰国後において、胡適は次第にマルクス主義へと傾倒する知識人たちと論争関係になっていった。そこで、李大釗との「問題と主義」論争を取りあげ、胡適がデューイからの影響としてその「方法」を強調するようになり、結果として「実験主義の信徒」としての自覚をもつに至ったことを示す。

第四章では、国語統一運動と文学革命の思想史的系譜を示すとともに、両者が合流するにあたって胡適の「建設的文学革命論」がそのきっかけになったことを明らかにする。胡適はこれまでの文学革命の八か条に加えて、「建設的文学革命論」では新たなスローガン「国語的文学・文学的国語」を提示した。このスローガンによって胡適は口語文学を媒介とした国語統一を唱え、論壇でも国語統一が大きな関心事となり、結果として国語統一運動と文学革命を一つに合流させることになった。この後に胡適は中学の国語教育についての論文を執筆する。ここで胡適は白話小説など「国語文（語体文）」で書かれたテキストを「国語科」の教育内容として位置づけ、あくまでも「国語文」を主として中学の学年段階があがってから「古文」の学習へ進むべきとした。「建設的文学革命論」を契機として国語教育論を展開し、胡適自身も国語統一籌備会や全国教育会連合会にかかわることで、実際の「国語科」に自らの立論が反映されていったのである。

第五章では、文学革命の進展にあたって、胡適は当事者としてどのような成果を見出すようになったのかについて、胡適による文学史叙述の変容から考察する。文学革命は、清水董三（東亜同文書院）による同時代の調査にあるように、清末にみられた諸運動からの影響をうけ、系譜としてその延長線上にあると評されていた。[57]胡適自身も当初はその影響関係を十分に認識していたが、文学革命の進展にともなって清末との差異化をはかるようになる。胡適は、「活」と「死」の対置関係を組み込みながら、自らが展開した運動の論理的正統性を示そうとしていた。ただし、ここでの「死」とは「古文」を教育内容としても完全に排除しようとしたものではなく、胡適はどのような「古文」が教材として適しているかを模索していく。第四章でも取りあげるように、「国語科」の創成に向けた「古文」教材の模索をしつつも、他方では文学革命を通じて「古文」を「死」に追いやることができたと運動体としての成果を強調するに至ったのである。

終章では、胡適が「国語科」創成に果たした役割を総括する。胡適は「国語的文学・文学的国語」で文学創作を通じた国語統一を主張し、低学年から国語教育を展開させていくべきとした。ただし、胡適が論じた「国語」とは「官話」と著しく近似しており、広く「国民」を想定したものとは程遠いものであった。一九二〇年代後半には階級性の議論が加わって、識字運動とともに一般大衆を意識した言語構築が模索される。この系譜が人民共和国成立後には共通語としての「普通話」、科目名は「語文」と設定されることになる。一方で、本論でみる「国語」は中華民国の歴史的系譜において現代台湾へと連なっていくのである。

【注】

（1）教育部『十二年国民基本教育課程綱要　総綱』（教育部、中華民国一〇三年十一月）一頁。
（2）小野寺史郎『国旗・国家・国慶―ナショナリズムとシンボルの中国近代史』（東京大学出版会、二〇一一年）三―四頁。
（3）家永真幸『国宝の政治史「中国」の故宮とパンダ』（東京大学出版会、二〇一七年）、松田康博『台湾における一党独裁体制の成立』（慶應義塾大学出版会、二〇〇六年）では、重要な研究背景として歴史の連続性と断絶性があげられている。これまでの研究史をふまえ、吉見崇は、「断絶性に留意しつつ、一九四九年前後の連続性に注目するという視角は、戦後中国の研究成果が着実に積み重ねられている日本の中国近現代史研究だからこそ提起できたものであった」としている。吉見崇「通史六（国共内戦）」（川島真、中村元哉編著『中華民国史研究の動向　中国と日本の中国近代史理解』晃洋書房、二〇一九年、所収）一六一頁。

（4）家近亮子『蔣介石と南京国民政府　中国国民党の権力浸透に関する分析』（慶應義塾大学出版会、二〇〇二年）九十三頁。

（5）「『大学院公報』発刊詞」（高平叔編『蔡元培全集』第五巻、中華書局、一九八八年、所収）一九四頁。

（6）本書における「五四」とは新文化運動を含む広範なものであり、一例として殷海光は「凡そ一九一七年から一九二一年まで」を指すとしている。「五四」認識の詳細な分析については、殷海光『中國文化的展望（上）』（『殷海光全集』第一巻、國立臺灣大學出版中心、二〇一八年、所収）一九〇―二〇五頁。「五四」認識の整理として、坂野良吉「五四観の諸相と五四の文化論的主題について―一九二〇、三〇年代の五四観を中心に」（『名古屋大学東洋史研究報告』第二十八号、二〇〇四年、所収）がある。Rana Mitter, *A bitter revolution: China's struggle with the modern world* (Oxford: Oxford University Press, 2004) では、グローバルな視点から近現代中国における「五四」認識の歴史的展開について論じられている。また、「五四」認識と台湾の影響関係については、簡明海『五四意識在台湾』（民国歴史文化学社、二〇一九年）。

（7）阿部洋『中国の近代教育と明治日本』（福村出版、一九九〇年）。「日本モデル」から「アメリカモデル」への転換は、阿部洋の研究により中国教育史研究のなかで広く共有されてきた。ただし、川尻文彦は、この見方に対して、「分かりやすい比喩」であるが、「『モデル』の『移植』を指摘するだけでは歴史の多面性を拾い上げることはできない」と問題提起している。川尻文彦『清末思想研究―東西文明が交錯する思想空間』（汲古書院、二〇二二年）二十七頁。

（8）今井航『中国近代における六・三・三制の導入過程』（九州大学出版会、二〇一〇年）、楊文海『壬戌学制与中国近代化』（南京大学出版社、二〇一二年）。

（9）新学制課程標準起草委員会編『新学制課程標準綱要』（商務印書館、一九二五年）。

（10）ここでの「言語的近代」とは、「俗語が文字と文法をもち、それによって文学が書き表され、国民文学の形成とともに国家語としての地位を得るようになった過程とそれに伴う諸事象」のことを指し、「『一言語、一国家』という考え方は、言語的近代の根幹を成す言語イデオロギーのひとつ」といえる。山本真弓「はじめに―この本ができるまで」（山本真弓編著、臼井裕之、木村護郎クリストフ著『言語的近代を超えて　〈多言語状況〉を生きるために』明石書店、二〇〇四年、所収）十頁。山本真弓は、この「言語的近代」を「ヨーロッパにおいて」という文脈で先述している。本書で扱う中国近代に即していうなれば、文学革命において「白話」が文学の書き言葉として再評価され、口語文学の確立が目ざされると同時に、相互作用して「国語」の創成が模索されていた。本書はそうした視角をもってして、胡適が果たした役割を明らかにしようとしているのである。

(11)高田幸男「教育史」(野澤豊編『日本の中華民国史研究』汲古書院、一九九五年、所収)二二四頁。

(12)佐藤慎一「歴史の変革と歴史学の変革―中国史解釈をめぐる民国期の論争について―」(『中国哲学研究』第二十四号、二〇〇九年、所収)七頁。

(13)章清『「胡適派学人群」与現代中国自由主義〔全新修訂版〕』(上海三聯書店、二〇一五年)七十八頁。この他にも、『新青年』の分裂傾向については、中村元哉『対立と共存の日中関係史―共和国としての中国』(講談社、二〇一七年)、黄克武『胡適的頓挫自由與威権衝撞下的政治抉択』(台湾商務印書館、二〇二一年)。

(14)金子肇は、「日本の中国政治に対する認識に必要なのは、近代中国とくに中華民国が、立憲政治を追求した『共和国』であったという事実を受け止め、その歴史的流れのなかに中華人民共和国の政治を位置づけるという歴史的視点の導入」であり、「そうしてこそ、現在の中国政治が抱える問題も、歴史的な重みをもって私たちの前に改めて立ち現れてくるはずである」と述べている。金子肇『近代中国の国会と憲政―議会専制の系譜―』(有志舎、二〇一九年)五頁。この方法論についての指摘は、教育史と政治史で領域が異なるとはいえ、中国近代教育をとらえるうえで重要な思想史的視点であるといえる。

(15)村田雄二郎「漢字圏の言語」(村田雄二郎、C・ラマール編『漢字圏の近代　ことばと国家』東京大学出版会、二〇〇五年、所収)四頁。本書では、混同を防ぐため、ことばそのものを指すときは「国語」、学校教育の科目を指す場合は「国語科」と記す。

(16)小国喜弘『戦後教育のなかの〈国民〉　乱反射するナショナリズム』(吉川弘文館、二〇〇七年)二頁。

(17)例えば、近藤孝弘『国際歴史教科書対話　ヨーロッパにおける「過去」の再編』(中央公論社、一九九八年)二頁。西川長夫は「国民化」の五つの軸(空間の国民化、時間の国民化、習俗の国民化、身体の国民化、言語と思考の国民化)をあげている。このなかで「歴史」は「時間の国民化」に、それに対して「国語」は「言語と思考の国民化」に該当する。西川長夫『国民国家論の射程　あるいは〈国民〉という怪物について〔増補版〕』(柏書房、二〇一二年)。

(18)黄興濤、小野寺史郎訳「近代中国ナショナリズムの感情・思想・運動」(飯島渉、久保亨、村田雄二郎編『シリーズ二十世紀中国史一　中華世界と近代』東京大学出版会、二〇〇九年、所収)一八七―一八八頁。同一著者による中国ナショナリズムの体系的な著作として、黄興濤『重塑中華　近代中国「中華民族」観念研究』(三聯書店、二〇一七年)。

(19)Benedict Anderson, *Imagined communities: reflections on the origin and spread of nationalism* (London and New York: Verso, 2006, Rev. ed.), p. 13. 同様な指摘として、塩川伸明は、国民国家の言語状況を歴史的に整理しながら、「文章語=古典語は人々が日常的に使う言語とはかけ離れていたが、知識人たちはもともとの出身地や日常語の違いに関わりなく古典語を習得することでコスモポリタンな共同体を形成し、一般庶民とは隔絶した世界に生きる、というのが近代語発展以前の状況だったと概括することができる」

としている。塩川伸明『民族とネイション―ナショナリズムという難問』（岩波書店、二〇〇八年）三十九頁。

(20) Benedict Anderson, p. 33, 36.

(21) Benedict Anderson, pp. 44-46.

(22) 吉澤誠一郎『愛国主義の創成―ナショナリズムから近代中国をみる』（岩波書店、二〇〇三年）二十五―二十六頁。

(23) 『胡適思想批判（論文彙編）』（生活・読書・新知三聯書店、第一輯―第八輯、一九五五年、一九五六年）。

(24) 中国において胡適再評価の先駆的な役割を果たしたのは耿雲志である。耿雲志による『胡適研究論稿』（社会科学文献出版、二〇〇七年）には再評価初期の論稿が収められている。耿雲志、宋広波主編『心長路遠―胡適研究的歴程』（黒竜江教育出版社、二〇一五年）において、耿雲志は自らの研究史を回顧している。戦後日本における胡適研究の初期の論稿として、竹内好「胡適とデューイ」（鶴見和子『デューイ研究』春秋社、一九五二年、所収）がある。また、アメリカにおける胡適研究の先駆的なものとして、Jerome B. Grieder, *Hu Shih and the Chinese renaissance: liberalism in the Chinese revolution, 1917-1937* (Cambridge: Harvard University Press, 1970) がある。このグリーダーの著作は佐藤公彦によって邦訳されている。佐藤公彦訳『胡適　一八九一―一九六二―中国革命の中のリベラリズム』（藤原書店、二〇一七年）。佐藤公彦には駐米大使時代に着目した以下の著作がある。佐藤公彦『駐米大使胡適の「真珠湾への道」その抗日戦争と対米外交』（御茶の水書房、二〇二一年）。

(25) 例えば、羅志田『再造文明之夢　胡適伝（修訂版）』（社会科学文献出版社、二〇一五年）。近年では、江勇振による一連の研究がある。江勇振『舍我其誰：胡適【第一部】　璞玉成璧一八九一―一九一七』（聯經出版事業、二〇一一年）、同『舍我其誰：胡適【第二部】　日正當中一九一七―一九二七』（聯經出版事業、二〇一三年）、同『舍我其誰：胡適【第三部】　為学論政一九二七―一九三二』（聯經出版事業、二〇一八年）、同『舍我其誰：胡適【第四部】　国師策士一九三二―一九六二』（聯經出版事業、二〇一八年）。江勇振の研究は胡適档案などを活用し従来の研究史にはみられない大胆な論点が提示されている。四部作におよぶ胡適評伝の労作であり、大作であるが故にその重厚さを感じることができるが、一つ一つの論証は慎重さをもって接する必要がある。江勇振と従来の研究史との対比軸については、鄭澈『英語世界的胡適』（中国社会科学出版社、二〇一六年）三四二―三四四頁。

(26) 王光和『西方文化影響下的胡適文学思想』（四川大学出版社、二〇一一年）。

(27) 清水賢一郎「革命と恋愛のユートピア―胡適の〈イプセン主義〉と工読互助団」（『中国研究月報』第五七三号、一九九五年、所収）、同「胡適「健全なる個人主義」を貫いたリベラリスト」（佐藤慎一編『近代中国の思索者たち』大修館書店、一九九八年、所収）。

(28) Eric Hobsbawm and Terence Ranger, eds., *The Invention of Tradition* (Cambridge: Cambridge University Press, 1992, Canto edition), p. 1.
(29) 吉野耕作『文化ナショナリズムの社会学　現代日本のアイデンティティの行方』(名古屋大学出版会、一九九七年) 三十五頁。
(30) 鄭大華「胡適是〝全盤西化論者〟?—兼論中国近代史上不存在〝全盤西化思潮〟」(欧陽哲生、宋広波編『胡適研究論叢』黒竜江教育出版社、二〇〇九年、所収)。
(31) 大原信一『近代中国のことばと文字』(東方書店、一九九四年)。
(32) 藤井(宮西)久美子『近現代中国における言語政策　文字改革を中心に』(三元社、二〇〇三年)。
(33) 村田雄二郎「「文白」の彼方に—近代中国における国語問題—」(『思想』八五三号、一九九五年、所収)、同「五四時期の国語統一論争—「白話」から「国語」へ—」(小谷一郎ら編『転形期における中国の知識人』汲古書院、一九九九年、所収)。
(34) 林少陽『「修辞」という思想　章炳麟と漢字圏の言語論的批評理論』(白澤社、二〇〇九年)。
(35) 平田昌司「目の文学革命・耳の文学革命—一九二〇年代中国における聴覚メディアと「国語」の実験—」(『中国文学報』第五十八冊、一九九九年、所収)。
(36) 中国語での研究として、平田昌司『文化制度和漢語史』(北京大学出版社、二〇一六年)、楊偉主編『語言・民族・国家・歴史—村田雄二郎中国研究文集』(重慶出版社、二〇二〇年)、林少陽『鼎革以文—清季革命与章太炎〝復古〟的新文化運動』(上海人民出版社、二〇一八年)。
(37) 崔明海『近代国語運動研究』(安徽師範大学出版社、二〇一八年)。
(38) 王東杰『声入心通　国語運動与現代中国』(北京師範大学出版社、二〇一九年)。
(39) 李杏保、顧黄初『中国現代語文教育史』(四川教育出版社、一九九七年)。日本側の研究では、一九八〇年代文革以後の国語教育を論じた南本義一『中国の国語教育』(溪水社、一九九五年) がある。
(40) 鄭国民『従文言文教学到白話文教学—我国近現代語文教育的変革歴程』(北京師範大学出版社、二〇〇〇年)。
(41) 沈衛威「胡適対早期国立大学中文系課程的推動」(耿雲志、宋広波主編『胡適研究論叢(第二輯)—紀念胡適先生誕辰一二〇周年国際学術研討会専輯』社会科学出版社、二〇一二年、所収)。
(42) 張伝敏『民国時期的大学新文学課程研究』(人民出版社、二〇一〇年)。
(43) 李斌『民国時期中学国文教科書研究』(北京大学出版社、二〇一六年)。
(44) 張心科『清末民国児童文学教育発展史論』(北京師範大学出版社、二〇一一年)、同『清末民国中学文学教育研究』(高等教育出版社、二〇一八年)。

(45) 劉緒才『一九二〇―一九三七　中学国文教育中的新文学』（中国社会科学出版社、二〇一五年）。

(46) 周敏『清末民国時期湖南国文教育与国語運動』（岳麓書社、二〇一九年）。

(47) 張哲英『清末民国時期語文教育観念考察―以黎錦熙、胡適、葉聖陶為中心』（福建教育出版社、二〇一一年）。

(48) 王明建『語文課程史研究―兼論語文課程的早期現代化』（人民出版社、二〇一六年）。

(49) 張心科『語文課程論』（福建教育出版社、二〇一四年）。

(50) 藤井省三「中国の北京語文学」（藤井省三編『「帝国」日本の学知五　東アジアの文学・言語空間』岩波書店、二〇〇六年、所収）一六八―一七〇頁。

(51) 斎藤秋男「知識人の形成と学制改革」（斎藤秋男、市川博『中国教育史』講談社、一九七五年、所収）九十七―九十八頁。

(52) 銭理群「五四新文化運動与中小国文教育改革」（『中国現代文学研究叢刊』二〇〇三年第三期、所収）。他にも、文学運動と教育の相互作用に着目した研究として、朱文華『中国近代教育、文学的聯動与互動』（復旦大学出版社、二〇一五年）がある。この銭理群論文では、陳平原「八十年前的中学国文教育之争―関于新発現的梁啓超文稿」（『中華読書報』二〇〇二年八月七日、所収）をもとに、胡適と梁啓超との国語教育論争が取りあげられている。陳平原の史料考証は、後に『触摸歴史与進入五四』（北京大学出版社、二〇一八年）へ収められた。大橋義武「一九二〇年代の国語教育思想と白話小説」（『年報地域文化研究』第十五号、二〇一一年、所収）では、銭理群論文や陳平原の史料考証をふまえ、胡適と梁啓超の国語教育論争を一九二〇年代の思想界へと位置づけている。一九二〇年代にみられた胡適と梁啓超の思想交流については、夏暁虹『梁啓超　在政治与学術之間』（東方出版社、二〇一四年）にも詳しい。

(53) 例えば、日本側の研究でも、世良正浩「壬戌学制と北京政府―「学校系統改革案」制定過程の考察を中心として―」（『人間の発達と教育』第十一号、二〇一五年、所収）、鄭谷心『近代中国における国語教育改革　激動の時代に形成された資質・能力とは』（日本標準、二〇一七年）がある。

(54) 朱鵬「王照と官話合声字母―教育救国論者の視点を中心に―」（『中国近代教育の成立　清末民初の「新学」の解明』松籟社、二〇二一年、所収）。

(55) 金子肇『近代中国の中央と地方―民国前期の国家統合と行財政―』（汲古書院、二〇〇八年）、同「政治制度の変遷と中央・地方関係」（飯島渉、久保亨、村田雄二郎編『シリーズ二十世紀中国史二　近代性の構造』東京大学出版会、二〇〇九年、所収）。浜口允子は、北京政府についての研究史の課題として、「袁世凱政権をはじめとする軍閥政府の混乱した政治のもとで、たち上がってきた新しい思潮や民衆の力の形成を歴史の主流として如何に掘り起こすかに急であり、そこに客体のごとく存在した政府のありように目を向けることは稀であった」としている。浜口允子「北京政府論」（野澤豊編『日本の中華民国史研究』汲古書院、一九九五年、所収）二十九―三十頁。

(56) 高田幸男は研究史における全国教育会連合会への言及を整理しつつ、「全国教育会連合会の決議が各省教育庁でどのように扱われたのかは、個別の検証が必要である」と論じている。高田幸男「近代教育と社会変容」（飯島渉、久保亨、村田雄二郎編『シリーズ二十世紀中国史二　近代性の構造』東京大学出版会、二〇〇九年、所収）一三七頁。

(57) 清水董三の調査研究は東亜同文書院で展開されていた研究旅行の一環である。同時代の中国論を取りあげる意義について、吉澤誠一郎は、「排日運動に対して観察や分析を行なった日本人の論者やメディアの存在にも目を配っていきたい。彼らの所見は、場合によっては本書の結論とは異なるかもしれず、本書とは議論の重点がずれていることも多いだろう。しかし、彼らの主張は、同時代の中国について論じることの難しさを露呈しているというだけでなく、それぞれの時点の日中関係を理解するために好個の史料となりうる」と論じている。吉澤誠一郎『愛国とボイコット　近代中国の地域的文脈と対日関係』（名古屋大学出版会、二〇二一年）十七頁。

第一章　近代的な「国語」意識の連鎖

漢字圏において「国語」という熟語は前近代にも存在した。序章でも述べたように、この「国語」に国家への帰属意識や共同体意識という意味が付与されたのは近代以降のことである。これまでも、日本におけるその歴史的過程についてはイ・ヨンスク、長志珠絵、安田敏朗など多くの研究蓄積がなされている。[1] また、一九〇〇年の「国語科」創成については、小笠原拓、甲斐雄一郎、山本康治による研究がある。[2] 近代的な「国語」意識について、田中克彦は「明治のはじめ、西洋の事情などにも学び、熟慮の末作り出された、文化政策上の概念」であるとしている。[3] 江戸期と明治期の差異について、安田敏朗は、「言語を媒介としかつ背景に国家の一員であることを自覚させるという意味での『共属意識』」が大きく異なり、「限定された共通性をもつものから『国民国家の言語』としての『国語』へと明治期を通じて意味が再編されていった」としている。[4] こうした近代的な「国語」意識は十九世紀末の明治日本で模索され始め、その日本を媒介とした経路をもとに清末へと連鎖していくことになる。

ここでの「連鎖」とは、山室信一の研究における「思想連鎖」の視角から示唆を得たところが大きい。[5] 中国近代ではアメリカ、ヨーロッパ、ソビエトからの直接的な受容に加えて、日本を媒介とした経路も重要な役割を果たしていた。思想史研究の方法論として「思想連鎖」を援用し、明治・大正期の日本を媒介とした経路もふまえることで、中国近代にみられた「国語」創成の「世界史的な位相」と「アジア内での相互関係」を見出すことができる。

以上の背景をふまえ、本章では、近代的な「国語」意識がどのように形成され、清末へと連鎖したのかについて明らかにする。まず第一節では、明治日本の国語学を牽引した上田万年が伊澤修二の議論を参照していたことに着目する。伊澤修二は、台湾の学務部での経験を経て、国家主義的な国語教育論を形成していく。第二節では、呉汝綸による日本への教育視察に着目し、呉汝綸と伊澤修二との会談がきっかけの一つとなって、近代的な「国語」意識が清末へと連鎖したことを示す。

第一節　上田万年と伊澤修二

日本での「国語」や言文一致の方向性について、その嚆矢としてあげられるのが前島密による『漢字御廃止之議』である。この建白書は幕末に徳川慶喜へあてられたものである。前島は「御国に於ても西洋諸国の如く音符字（假名字）を用ひて」、教育を普及させていくべきであると述べている。(6) ここで前島は西洋諸国のように音標文字を用いて、そのうえで教育を普及させていくことの重要性を論じている。この前島による建白について、柄谷行人は、前島が着目したのは「音声的文字のもつ経済性・直接性・民主性」であり、すぐさまに広がらなかったものの、「明治十年代後半に近代国家としての諸制度が確立されようとするとき、大きな問題として浮かび上ってきたのである」と論じている。(7) ここで論及されているように、明治十年代後半から二十年代はまさしく近代的な「国語」意識の創成にとって分水嶺となる時期となった。田中克彦は、「競合しあう『邦語』『日本語』『国言葉』などに『国語』をもって最後のとどめをさした」時期であるとみて、そこで重要な役割を果たしたのが「ヨーロッパ留学から帰ってきたばかりの上田万年であった」としている。[8] その上田を象徴する講演としてあげられるのが一八九四年の「国語と国家と」である。ここで上田はヨーロッパ留学の経験を背景に「国語」が果たす役割を以下のように論じている。[9]

言語はこれを話す人民に取りては、恰も其血液が肉体上の同胞を示すが如く、精神上の同胞を示すものにして、之を日本国語にたとへていへば、日本語は日本人の精神的血液なりといひつべし。日本の国体は、この精神的血液にて主として維持せられ、日本の人種はこの最もつよき最も永く保存せらるべき鎖の為に散乱せざるなり。故に大難の一度来るや、此声の響くかぎりは、四千万の同胞は何時にても耳を傾くるなり、何処までも赴いてあくまでも助くるなり、死ぬまでも尽すなり、而して一朝慶報に接する時は、千島のはても、沖縄のはしも、一斉に君が八千代をことほぎ奉るなり。もしそれ此のことばを外国にて聞くときは、こは実に一種の音楽なり、一種天堂の福音なり。

かくの如く、其言語は単に国体の標識となる者のみにあらず、又同時に一種の教育者、所謂なさけ深き母にてもあるなり。われわれが生るるやいなや、この母はわれわれを其膝の上にむかへとり、懇ろに此国民的思考力と、此国民的感動力とを、われわれに教へこみくるるなり。故に此母の慈悲は誠に天日の如し。

上田は「国語」を国体の維持、保存に資する「精神的血液」であると位置づけ、「母」なる慈悲深さをもった「国語」には「国民的思考力」と「国民的感動力」を教え込む教育的機能があるとした。上田自身はヨーロッパ留学以前から「国語科」の必要性を論じており、「国語と国家と」の翌年には『作文教授法』を出版している。[10] さらに、一八九六年の「初等教育に於ける国語教授に就きて」において、上田は国語学と教育学の動向を以下のように述べている。[11]

独立せる一国の教育は其国語の基礎の上に築かざる可らざるとは、今日に於て一般教育家の斉しく一致する所にして。

従て国語の智識を給する国語学が、教育学と相待て一切の学科を教授する上の二箇の肝要なる支柱たることも、吾人の確信して疑はざる所なり。……〔以後略〕

斯る不振の域より一転して国語学の一大長足の進歩を為せしは正に明治十八、十九年の頃にして、大学にはチヤムバレン氏を聘して日本の言語及び博言学の教授に当たらしめ、盛に言語の科学的研究を奨励せしより胚胎して、国民は自国の言語を他国人に教授さるるの愚を慚ぢ、爰に大に発憤して国語科改造の運動手段を講ぜんとするに至れり。但是等も亦純粋学問の方面にして教育上実際に斯る考案を用ゐんとしたるにあらず。降て二十年二十一年の比に至りて始めて教育上の運動は起れり。大日本教育会の運動即ち是にして就中伊澤修二氏の所見は当時に在りて最も進歩したるものなりと言ふも不可なく、吾人も亦聊か驥尾に附いて意見を同会に吐露したることあり。

上田は国語学と教育学を「一切の学科を教授する」うえでの「肝要なる支柱」の二つであるとしている。なかでも、上田は「伊澤修二氏の所見」が「教育上の運動」において「最も進歩したる」ものであったとその役割を特筆している。ここで興味深いのは、安田敏朗もふれているように、上田の論説にはしばしば伊澤修二の所説が言及されている点である。[12]

伊澤修二は明治日本を代表する教育者であり、国語教育、音楽教育、師範教育など広範囲に功績を残した人物である。例えば、上沼八郎による評伝では、伊澤が「建設期の明治教育にとっては、有力なパイオニアであり、プロモーターであった」とされる一方で、「この時代の功罪を教育の面で最も鋭く担当した一人であった」と論じられている。[13] 上田は留学以前から伊澤の議論に言及し、留学後も伊澤に台湾での経験について尋ねたとしている。[14] 伊澤自身も上田が参画していた国語調査委員会の動向に論評を加えていた。[15]

順に伊澤の国語教育論をみると、文部省時代（一八八六年）に編輯局長の意見書として、「普通教育は全国の人民をして皆国民たるに足るべき資格を得せしめ以て国家たる一大機関を完成するを要旨とす」と記している。[16] ここで伊澤は学校教育が近代国民国家の形成に重要な役割を果たすことを十分に自覚していたことがわかる。そのうえで、「国語」について、「本邦語学に就ての意見」(一八八八年)では以下のように記している。「国語」は「生きて居る国語」であり、そこには「優勝劣敗」のもとでの「変化を生じたる証拠」があるため、「国語の貴いことを知り、又此国を愛する志の深い人にして十分此語学を研究して行くことの必要」がある。(17) こうした伊澤による国家主義と進化論が結びついた国語教育論は一八九五年の学務部赴任にともなって台湾で試行されていく。(18)

第二節　「官話」と「国語」

伊澤は台湾での職務の後も積極的に国語教育に論及していく。一九〇〇年は東京高等師範学校の校長の任にあった。伊澤は「教育上の実際論」として、「普通小学に於ける処の国語科に用ゐる言葉は如何なる言葉を用ひたならば宜いのであるか」という点から研究しなければならないとした。(19) そのうえで、各校種が「個々別々に孤立して居るものでない」として、「皆な下から上まで有機的に聯絡をして居るものであるから、尋常小学の国語科の問題の解釈をしようと云ふのであるからは、少なくとも中学校令位は洞見しなければならぬのである」とした。(20) さらに、台湾学務部での経験をもとに、伊澤は「同字同文」の「漢字の力」をもってして「非常な速力を以て吾々が台湾に我国語を教へ得た」のであると振り返っている。(21) 一九〇四年の論説では、「開化せる国民の間に行はるる国語」は「国民の生存上に必要なる」ものであり、「国家の成立と共に存在するもので、国家の経営、世代の盛衰汚隆と形影を相為し、従て一国の歴史文学とは、彼是密接なる関係を有するものである」と述べている。(22) 時期としては日露戦争のさなかにあり、伊澤は「猶戦後の経営に至りては、これを利用すべき機会の愈々益々増加せん事は、誠に見易き道理である」とした。[23]

ここまでみてきたように、伊澤は自らの国家主義的な教育論を「国語」へ反映させて、近代国民国家にとって不可欠なものであると位置づけた。明治日本の国語学を牽引した上田万年にとっても、伊澤の役割は特筆するほど大きいものであった。このように十九世紀末の明治日本で「国語」が新たな言語的規範として模索され、その動きは明治日本を結節環としながら次第に清末へと連鎖していく。その大きなきっかけとなったのが日清戦争である。清朝にとって日清戦争の敗北は「洋務運動の欠陥を曝け出したばかりでなく、中国の伝統的な対外関係の論理を覆すきっかけ」となり、「中国の近代国家形成意識の発生に触媒作用を果たした」のである。[24] これ以後、近代国民国家の建設を担う人材の育成が急務となり、多くの留学生が日本へと渡った。同時期には、戊戌変法の頓挫により梁啓超など知識人たちが日本へと亡命していた。そのなかには、実用的な教育の普及と言語改革の必要性を説いていた王照も含まれており、帰国後には『官話合声字母』を著し国語統一運動の中核的存在となった。先にあげた伊澤は中国語学の研究も行なっており、多くの教科書や辞書を残している。漢字の表音化をめぐっては、王照との著作の引用を通じた間接的な交流関係があった。[25]

また、一九〇二年には京師大学堂の呉汝綸が日本へと教育視察に訪れていた。[26] そこで、呉汝綸は教育界や政財界を代表する要人と会談を重ね、その具体的な様子は『東游叢録』へと収められた。[27] 東京帝国大学総長の山川健次郎との会談では、「国家統一のためには、まず教育の統一を推進すべき」であり、教育の普及にあたっては「国語」が重要な役割を果たすと山川から提言された。加えて、呉汝綸は貴族院議員であった伊澤修二とも会談している。伊澤との会談では、言語統一の重要性について話がおよび、呉汝綸は「すでに学堂での科目数が多すぎるため、新たに一科目（国語科―引用者注）増やすにはどうすればよいか」と伊澤に尋ねた。それに対して、伊澤は「むしろ他の科目を捨ててまでも、国語科を増やすべきである」と述べ、「国語の重要性に気づいたことは今世紀の新発明である」と主張した。呉汝綸はこうした日本における教育の普及や国語教育の様子をまとめ、帰国後に管学大臣の張百熙へその旨を上申した。これを受けて、一九〇四年の奏定学堂章程の学務綱要では以下のように明記された[28]。

各学堂では、「官話」を学ぶことにする。諸外国において、言語は全国的に統一されているため、同じ国民同士での意思疎通が容易である。それは小学から表音文字を教えているからである。中国の人々は、それぞれが方言を話すため、ひとつの省内においてすら言葉が通じず、仕事をするうえでも互いに相容れないことが多い状態である。したがって、今後、「官話」を全国統一の言語とするため、師範から高等小学堂に至るまで、中国文の科目では「官話」を教科内容として含めることにする。「官話」を練習するにあたって、各学堂では『聖諭廣訓直解』を標準として用いることにする。

呉汝綸の上申書をきっかけに各学堂で「官話」を学ぶことが明記された。後に黎錦熙が評したように、それ以前は「言文一致」のみに注力していたのが、呉汝綸の日本視察を契機に初めて「国語統一」のスローガンが前面に出され、学校教育の場にもその流れが波及していった[29]。これら清末における国語統一に向けた動向は、民国期に入っても引き継がれることになる。ここに清末から民国期への「連続性」をみてとれるが、「連続性」のなかにも清末と民国初期では相違があることに留意しなければならない。その相違とは、清末では「国語」ではなく、「官話」と明記された点である。「官話」とは、周知の通り「官僚の話し言葉」であり、その共通性は科挙の官僚システムによるところが大きかった。こうした清末の「官話」と民国期の「国語」の相違について、具体的に平田昌司が以下の三点をあげている[30]。

第一に、「ジェンダー的差別化」である。高等小学堂や初級師範学堂には「官話」が明記されたのに対して、女子高等小学堂や女子師範学堂では「官話」が含まれていなかった。第二に、「社会階層的差別化」である。「官話」は初等小学堂ではなく、高等小学堂から明記された。第三に、「官話」に関する「発音・文法の体系」の未整備である。「官話」の共通性は官僚同士の意思疎通によるところが大きく、近代的な「国語」のように言語的規範の体系的整備がなされたものではなかった。

総じて、近代的な「国語」意識は十九世紀末の明治日本を結節環としながら清末へと連鎖した。この連鎖において日本への教育視察や亡命していた知識人たちが媒介となった。やがて日本から本国へと還流することで清末における国語統一運動が形成され、呉汝綸の教育視察によって学校教育の場にも国語統一の流れが波及していった。これら清末での動きは民国期にも受け継がれていくが、前述したように、清末の「官話」と民国期の「国語」とには差異があることに留意しなければならない。すなわち、民国期に入ると、清末からの系譜を継承しつつも、新たな言語的規範として近代的な「国語」をいかに整備するのかについて議論がなされていくことになる。

小結

本章では、近代的な「国語」意識が明治日本を結節環としながら、清末へと連鎖していったことを示した。日本では明治十年代後半を皮切りに、言文一致と相まって、「共通語」や「国家語」としての「国語」の創成が模索され始めた。従来の諸研究でも、ヨーロッパから帰国して国語学を牽引した上田万年がその象徴的存在として論じられてきた。ただし、その上田の論説をみると、伊澤修二が果たした役割の大きさが記されている。伊澤自身も上田の動向に論評を加えていた。

伊澤修二は教育の幅広い分野で影響を残した人物である。国家主義と進化論を背景として、伊澤は自らの国語教育論を形成した。具体的には、低学年からの有機的な接続関係を考慮に入れて、「国語科」を編成していくべきであるとした。これは言文一致を志向して、口語文を基調とした国語教育を広く展開していくためでもあった。

国語教育の確立において、伊澤修二が果たした役割は清末にも及んでいく。伊澤自身も中国語学の研究に取り組んでいたことから、日本に亡命していた王照とも間接的な交流関係にあった。また、教育視察に訪れていた呉汝綸とも会談し、他の科目を捨ててまでも「国語科」を置くべきであると提言した。帰国後の呉汝綸による上申がきっかけとなり、一九〇四年の奏定学堂章程では「官話」が位置づけられるに至った。ここから民国期に入ると、新たな言語規範として「国語」の整備が模索され始める。これまでの諸研究では、明治日本の国語学にとって上田万年が特筆されてきたが、近代的な「国語」意識の連鎖という点においては伊澤修二が突出した役割を果たしたといえる。ここで留意すべきは、近代的な「国語」意識の連鎖によって国語論議が一国にとどまることなく展開され、清末の国語統一運動を基礎づけた点である。次章以降で中心的に検討していく胡適はこうした清末の思想空間で学堂時代を過ごし、遠くアメリカ留学の地にあっても学友と議論を交わしながら本国の動向に関心を寄せていたのである。

【注】

（1）イ・ヨンスク『「国語」という思想　近代日本の言語認識』（岩波書店、一九九六年）、長志珠絵『近代日本と国語ナショナリズム』（吉川弘文館、一九九八年）、安田敏朗『〈国語〉と〈方言〉のあいだ　言語構築の政治学』（人文書院、一九九九年）。また、一九三〇年代から一九五〇年代にかけては、渡辺哲男『「国語」教育の思想　声と文字の諸相』（勁草書房、二〇一〇年）に詳しい。

（2）小笠原拓『近代日本における「国語科」の成立過程　「国語科」という枠組みの発見とその意義』（学文社、二〇〇四年）、甲斐雄一郎『国語科の成立』（東洋館出版社、二〇〇八年）、山本康治『明治・大正期国語科の成立と修身科との関わり　文学教材は何を伝えたのか』（ひつじ書房、二〇二一年）。

（3）田中克彦『ことばと国家』（岩波書店、一九八一年）一一六頁。

（4）安田敏朗『帝国日本の言語編制』（世織書房、一九九七年）三十二頁。
（5）山室信一『思想課題としてのアジア　基軸・連鎖・投企』（岩波書店、二〇〇一年）。坂元ひろ子は、山室による連鎖の視角を参照しつつも、「山室説のように、『法と政治』の思想・制度に着目して欧米とアジアとを媒介する日本の結節環としての役割を強調するものではおのずとない」としている。確かに、坂元が論じるように、思想連鎖の形態は多様なものであり、一方向的に単純化できないものである。坂元ひろ子『連鎖する中国近代の〝知〟』（研文出版、二〇〇九年）二頁。
（6）前島密『国字国文改良建議書』（一八九九年）六頁。ここでの前島の議論には漢字廃止の要素も含んでいる。
（7）柄谷行人『日本近代文学の起源　原本』（講談社、二〇〇九年）五十七、五十九頁。
（8）前掲書田中克彦『ことばと国家』、一一三頁。
（9）上田万年「国語と国家と」（『国語のため』冨山房、一八九七年、所収）十二―十三頁。
（10）多和田真理子「上田万年における作文教育論と言語観の展開―『作文教授法』の分析を中心に―」（『教育方法学研究』第二十八巻、二〇〇二年、所収）、中村哲也「明治期における国民国家形成と国語国字論の相剋―国語学者上田万年の歴史的位相―」（『東京大学教育学部紀要』第二十七巻、一九八七年、所収）。
（11）上田万年「初等教育に於ける国語教授に就きて」（『国語のため』冨山房、所収）二五八、二六〇―二六一頁。
（12）安田敏朗「解説」（上田万年著、安田敏朗校注『国語のため』平凡社、二〇一一年、所収）四六四頁。また、安田敏朗『かれらの日本語　台湾「残留」日本語論』（人文書院、二〇一一年）。
（13）上沼八郎『伊澤修二　新装版』（吉川弘文館、一九八八年）一―二頁。これまでの伊澤修二にかかわる研究史の整理として、山本和行「日本における伊澤修二研究の現状」（木下知威編『伊澤修二と台湾』國立臺灣大學出版中心、二〇一八年、所収）。
（14）例えば、上田万年「国語会議に就きて」（『国語のため』冨山房、所収）。
（15）伊澤修二「国語問題に就て（上田博士の説を駁す）」（『教育学術界』第十一巻第六号、一九〇五年、所収）、同「我が国語の為め上田文学博士に與ふ」（『国学院雑誌』第十一巻第十二号、一九〇五年、所収）。
（16）伊澤修二「教科書に付文部省編輯局長意見」（信濃教育会編『伊澤修二選集』信濃教育会、一九五八年、所収）三八九頁。
（17）伊澤修二「本邦語学に就ての意見」（『伊澤修二選集』、所収）六七五、六八六、六九一頁。伊澤修二は一八七九年にハクスリーの訳書『生種原始論』、その十年後に完訳を出版している。詳しくは、森田尚人「伊澤修二の『進化原論』と『教育学』を読む―明治初期教育学と進化論」（『彦根論叢』第三八三号、二〇一〇年、所収）。「優勝劣敗」の原理については、田中友香理『〈優勝劣敗〉と明治国家　加藤弘之の社会進化論』（ぺりかん社、二〇一九年）。

(18) 前掲書上沼八郎『伊澤修二 新装版』、小熊英二『〈日本人〉の境界―沖縄・アイヌ・台湾・朝鮮 植民地支配から復帰運動まで』(新曜社、一九九八年)、駒込武『植民地帝国日本の文化統合』(岩波書店、一九九六年)、陳虹彣『日本統治下の教科書と台湾の子どもたち』(風響社、二〇一九年)、陳培豊『「同化」の同床異夢―日本統治下台湾の国語教育史再考』(三元社、二〇〇一年)、藤森智子『日本統治下台湾の「国語」普及運動 国語講習所の成立とその影響』(慶應義塾大学出版会、二〇一六年)、山本和行『自由・平等・植民地性―台湾における植民地教育制度の形成―』(國立臺灣大學出版中心、二〇一五年)。

(19) 伊澤修二「高等師範学校附属小学校国語科実施方法の要領に就いて」(『伊澤修二選集』、所収)一八三頁。

(20) 前注(19)。

(21) 前注(19)、一八八頁。

(22) 伊澤修二「所謂最近の国語問題に就きて」(『伊澤修二選集』、所収)七一六頁。

(23) 前注(22)、七二七頁。

(24) 區建英「中国のナショナリズム形成―日清戦争後の移り変わりと辛亥革命―」(『新潟国際情報大学情報文化学部紀要』第十二号、二〇〇九年、所収)七十五頁。

(25) 朱鵬「伊澤修二の漢語研究」(『中国近代教育の成立 清末民初の「新学」の解明』松籟社、二〇二一年、所収)、竹内好「伊澤修二のこと」(『竹内好全集』第十四巻、筑摩書房、一九八一年、所収)、長尾景義「王照と伊澤修二―清末文字改革家の日本との交渉」(『集刊東洋学』第四十三号、一九八〇年、所収)。竹内好は、「彼の業績の正しい評価と継承は、中国文学の専門家が今後一つの課題として提り上げてくれることを小生は希望してやみません」と記している(三〇九頁)。

(26) 呉汝綸の日本視察については、周愚文「呉汝綸的日本教育考察與制度引介」(『晩清教育制度西化的前奏 癸卯学制頒行前西式教育的借入』國立臺灣師範大學出版中心、二〇二一年、所収)。

(27) 山川健次郎と伊澤修二との会談については、呉汝綸『東游叢録』(三省堂書店、一九〇二年)函札筆談七十八―七十九、九十四―九十五頁。

(28) 「学務綱要」(多賀秋五郎『近代中国教育史資料 清末編』日本学術振興会、一九七二年、『奏定學堂章程』所収)二一八頁。奏定学堂章程の規定については、周東怡「清末『奏定高等小學堂章程』與『奏定初等小學堂章程』的修訂」(『臺灣師大歴史學報』第六十期、二〇一八年、所収)。土屋洋は、同時期に日本への教育視察を終えた羅振玉が「聖諭広訓」を修身の綱領にすると記した点に着目し、このように「聖諭広訓」が位置づけられた背景には伊澤修二からの薦めが関係するとしている。土屋洋「清末の修身教科書と日本」(並木頼寿、大里浩秋、砂山幸雄編『近代中国・教科書と日本』研文出版、二〇一〇年、所収)三〇八―

三〇九頁。

(29) 黎錦熙『國語運動史綱』(商務印書館、一九三四年) 二十五頁。黎錦熙は言語学者として国語運動の当事者でもあったため、主著の『國語運動史綱』は同時代的な証言としても有効なものであるといえる。

(30) 前掲論文平田昌司「目の文学革命・耳の文学革命—一九二〇年代中国における聴覚メディアと「国語」の実験—」、八十一—八十二頁。

第二章　アメリカ留学を通じた文学論の形成

第一章でみてきたように、近代的な「国語」意識は明治日本を結節環として連鎖し、清末における国語統一運動の基礎が築かれた。この「国語」意識に限らず、清末では、「翻訳」を通じて新思想が次々ともたらされていた。[1]本書の起点となる胡適は留学前の学堂時代をそうした清末の思想空間で過ごしたことになる。実際に、澄衷学堂時代（一九〇五年―一九〇六年）には、厳復の『天演論』（ハクスリーの訳書）、『群己権界論』（ミルの訳書）、梁啓超の「新民説」、「中国学術思想変遷之大勢」のテキストに接していた。[2]また、中国公学時代（一九〇六年―一九〇七年）には、雑誌『競業旬報』の編集に携わり、自ら創作も試みていた。[3]以上の背景をもちながら、胡適はアメリカ留学を経験し、留学中に寄稿した「文学改良芻議」は反響をもって『新青年』に迎え入れられた。

そこで、本章では、胡適の思想のなかでも文学論に着目し、アメリカ留学がその形成に果たした役割を論じる。まず第一節では、留学史における胡適の位置づけを示したうえで、文学論議へと身を投じ始めた一九一五年夏休みまでの過程を通観する。第二節では、文学革命で提示した八か条の形成過程をふまえながら、胡適がいかにして文学革命の口火を切る存在となったのかについて考察する。そのうえで、第三節では、胡適がアメリカ留学からの帰国の途で読んだエディス・シシェルの『ルネサンス』に着目する。胡適がルネサンス史から着想を得て、文学創作を通じた国語統一の重要性を認識し、帰国後の「建設的文学革命論」で「国語的文学・文学的国語」を提示するに至ったことを示す。

第一節　胡適のアメリカ留学

（一）留学史における胡適の位置づけ

教育のグローバル化による学生の流動性の高まりは様々な学習活動を生んでいる。杉村美紀は、アジアにおける留学生政策について、「①政治的・経済的戦略としての留学生政策、②私費留学など民間セクターを巻き込んだ留学の大衆化、③トランスナショナルプログラムの普及と留学形態の多様化」をその特徴にあげている。[4] こうした戦略的かつ多様な学生の国際移動は現代に限ったものではない。

中国近代ではアヘン戦争や日清戦争などを経て、村田雄二郎が論じるように、「天下的世界観の解体」は自明なものとなり、「王朝体制を変革して近代国家を創出するには、天下の中心であった皇帝に代わる超越的権威を再生する」必要が出てきていた。[5] そうした状況のなかで近代的な国民国家建設を担う人材の育成が急務となり、清末新政においては留学生派遣が教育事業の柱として挙げられた。例えば、洋務派官僚である張之洞は著書『勧学篇』（一八九八年）で、地理的距離の近さや同じ漢字圏内ということから、日本への留学生派遣の重要性を説いた。[6] また、新政では科挙の制度改革がなされ、それも日本留学を後押しすることになった。さらに日本への留学が増えてくるにつれて、日本の大学では短期間の速成教育が整備された。こうした清末から民国初期における日本への留学生派遣は、さねとうけいしゅう、黄福慶、厳安生、蔭山雅博など多くの研究蓄積がある。[7] 近年では、当該時期の日本留学にかかわる統計的資料を分析した周一川の研究がある。[8]

一方で、アメリカへの留学生派遣については、一八七〇年代前半に幼童派遣がなされた時期もあったが、一八八一年の中断後には時間的空白ができていた。そこで、この空白状態を克服するために、一九〇八年五月にアメリカ議会で義和団事件の賠償金を清へ返還することが議決された。返還された賠償金はアメリカの「戦略的な文化投資」として官費によるアメリカへの留学生派遣にあてられることになった。[9]一九〇九年五月には派遣留学生の専攻の割り当てが決められ、八割が農学、工学、商学、鉱物学、二割が法学、政治学、経済財政、教育学とされた。[10]こうして清末においては、三度に分けて官費留学生が派遣されることになり、第一次派遣から第三次派遣にかけて合計一八〇人がアメリカへと派遣された。[11]本書で取りあげる胡適はこの官費留学における第二次派遣の七十人の一員としてアメリカへ留学することになる。後に胡適と論争関係になる梅光迪は第三次派遣でアメリカへと渡っている。民国期にはアメリカ留学の予備教育として清華学堂が設置され、次第に私費でアメリカへ渡る留学生も出てきた。コロンビア大学でともに学んだ陶行知は私費留学によるものであった。胡適はアメリカへの留学生が増えていった時期にアメリカで留学生活を送った。いわば、胡適にとって七年間にわたるアメリカ留学は多くの学友とともに知を育んだ日々であったことがわかる。

（二）文学論議の発端

胡適は一九一〇年九月からコーネル大学農学院で留学生活を始めている。農学院を選択した理由について、胡適は兄からの薦めと農園実習による学費軽減を考慮して留学先を決定したと後に記している。[12]留学直後は農学を専攻する傍らで、『春秋左氏伝』や『詩経』など中国における伝統的な古典のテキストを読み込み、通常の授業の他に中国の哲学、歴史を独学で学んでいた。[13]農学院で三学期を過ごした胡適は一九一二年の春学期に文学院へ転科している。一九一二年二月六日の書信では、専攻を農学から哲学、文学、政治に変更し、卒業後はより専門的に学ぶためハーバード、ウィスコンシンもしくはコロンビア大学へ進学したいと記している。[14] 晩年の『胡適口述自伝』では、「果樹学」の演習で農学は自らの興味関心とは異なることに気づき、中国国内で辛亥革命が起きたことを受けて政治史や文学に興味をもつようになったからであると振り返っている。[15]

一九一四年六月にはコーネル大学文学院の卒業式をむかえ、一九一五年九月にデューイのいるコロンビア大学へと進学する。[16] この一年三か月の間はコーネル大学のあるイサカで過ごしながら、胡適は次第に学友との文学論議へ身を投じ始める。実際に、胡適による一九一五年七月二十二日の日記をみれば、それぞれの留学生が自身の国の歴史、政治、文学に通暁しているのに対して、中国の留学生はそうでないことを嘆くほどになっていた。[17] 後の留学日記の出版に際した序文（一九三六年）でも、「文学革命の討論が一九一五年夏以降で我々学友との間での最も熱く語り合ったテーマである」と記している。[18] そうした一九一五年夏休みに至るコーネル大学卒業からコロンビア大学進学までの過程で、文学論の形成に関連する以下の二点に着目したい。

第一に、遠くアメリカの留学の地にありながら、胡適が中国国内での国語統一に向けた動向やそれに関連する日中間での人物交流に関心を寄せていた点である。当時は雑誌や新聞が急速に普及し、遠くアメリカの地で学ぶ留学生も本国の情報を知ることができた。民国期に入って読音統一会が教育部の附属機関として組織され、胡適はこうした国語統一の動向をふまえて、一九一四年七月四日の日記には「統一読音法」について記している。[19] 一九一六年一月二十四日の日記には、章炳麟による『駁中国用万国新語説』の読後感が記されている。[20] 章炳麟は清朝考証学の伝統を受け継ぎ、「国学大師」とまで称された中国近代を代表する知識人である。日本へと亡命し、その際に多くの中国人留学生が章炳麟から音韻など文法学の教えを受けている。これらをふまえて、平田昌司は「胡適の中国古典研究の根幹は、一九一〇年の出国時に最新だった章炳麟や『国粋学報』の学風に由来し、それは間接的に明治日本の学術とも連なっていた」としている。[21] 胡適は遠くアメリカの地にありながら中国国内の動向に関心を寄せ、間接的ながらも日本を媒介とした経路ともつながっていたのである。

第二に、学友との文学論議のきっかけとなった一九一五年の夏休みの出来事についてである。一九一五年の夏休みについて、胡適は「逼上梁山」において以下のように振り返っている。[22]

あの夏休み、任叔永、梅光迪、楊杏佛、唐擘黄らはイサカで夏を過ごし、我々はいつも中国文学の問題について討論をした。討論の話題は中国の文字から文学までにわたり、こうした討論が一つの大きなきっかけとなり、学友らと議論するようになったのである。メンバーのなかでは、梅光迪が最も保守的であり…［以後略］。

上記のように、胡適が学友らと議論を交わすようになったのは一九一五年夏のワシントン清華学生監督所での出来事と関係している。[23] 中国からの公費留学生は月に一回ほど監督所へ小切手を取りに行かなければならなかった。その監督所の鍾文鰲なる人物が留学生の小切手に「二十五歳に満たなければ、妻を娶ってはならない」、「漢字を廃止せよ、字母を用いよ」といった宣伝ビラを同封していた。そこで、胡適は鍾文鰲が宣伝ビラをこうしてばら撒くのは職権の濫用であるとして、中国の古典に何も理解が無い者ではなく、十分に資格のある人がこうした問題を研究するのに力を尽くすべきであるという考えに至ったのである。これをきっかけとして、胡適は一九一五年の中国人留学生からなる東アメリカ学生会年次大会の議題を「国文」とするように建議し、胡適自身もその席上で「如何可使吾国文言易于教授」を発表した。[24] こうして一九一五年の夏休みをきっかけに、胡適と学友たちとの中心的な話題として文学革命が熱心に議論されるようになったのである。

胡適は一九一五年九月二十日に進学のためイサカからニューヨークへ移ることになる。これにともなって、夏休みをともに過ごした学友に詩を送っている。ハーバード大学へ進学する梅光迪への詩のなかでは「来たる新たな潮目を止めることはできない、まさに今が文学革命の時である」と記している。(25) 夏休みを終え、それぞれ新たな学習環境へ移った後も、胡適と梅光迪ら学友との間では文学革命が中心的な話題であった。とりわけ、文化保守主義をとっていた梅光迪は胡適を激烈に批判し、梅光迪とは帰国後も学衡派との対立のなかで再び議論を交わすことになる。(26)

第二節　文学革命の発火点

一九一五年夏休みを終えた胡適はコロンビア大学へと進学し、文学についてより具体的な論述を展開していく。そうしたなかで胡適は後に文学革命の八か条ともなる条項を段階的に日記へ記すようになっていた。

まず一九一六年二月三日の日記には、梅光迪と「詩界革命はいつから始まったのか」について議論したと記されている。(27) そこで、胡適は古典の弊害を取り除くためにまず取り組むべき三項目（表1）として、第一項「内容があることを記すべきである（須言之有物）」、第二項「文法を講じるべきである（須講文法）」、第三項「〝散文的語法〟を用いるべきである（当用〝文之文字〟）」をあげている。また、一九一六年四月十七日の日記には、「吾国文学三大病」として、第一項「むやみに感嘆する（無病而呻）」、第二項「古人を模倣する（摹倣古人）」、第三項「内容が無いことを記す（言之無物）」の三項目（表2）を記している。(28) 胡適はこの二つの日記に対して、後に主張する八か条のうち、このとき既に五項目があがっていたと振り返っている。(29) 留学日記に記された五項目と後の八か条の対応関係は表1～表5の通りである。

表1　1916年2月3日

留学日記	
1	須言之有物。
2	須講文法。
3	当用“文之文字”。

表2　1916年4月17日

留学日記	
1	無病而呻。
2	摹倣古人。
3	言之無物。

表3　1916年8月21日

留学日記	
1	不用典。
2	不用陳套語。
3	不講対仗。
4	不避俗字俗語。（不嫌以白話作詩詞）
5	須講求文法。―以上為形式的方面。
6	不作無病之呻吟。
7	不摹倣古人。
8	須言之有物。―以上為精神（内容）的方面。

出典：『胡適全集』をもとに筆者作成

胡適は表1にある「散文的語法（文之文字）」と、「韻文的語法（詩之文字）」を区別して主張していたが、梅光迪から「Prose diction」と「Poetic diction」を分ける必要があるのかと指摘された[30]。そのため、表1の「当用〝文之文字〟」と表3の第四項「俗字俗語を避けてはならない（不避俗字俗語）」は等価的な対応関係にあたらない。ただし、梅光迪との議論の経過をふまえれば、「当用〝文之文字〟」は学友との議論を通じて「不避俗字俗語」へ至ったとすることができ、八か条に先立つ形で五項目が留学日記に記されていたとする胡適の回想は確からしいものといえる。こうして段階的に記されてきた条項が八か条という形で『新青年』に登場してくる。表3は一九一六年八月二十一日の日記にあるものであり、朱経農への書信が転記された形となっている[31]。この表3を経て、表4にある八か条が『新青年』第二巻第二号（一九一六年十月）に掲載された[32]。表4は胡適が陳独秀へあてた書信が基礎となっている。表4を受けて、同号の通信欄に陳独秀から以下のようなコメントが寄せられた[33]。

お示しになられた文学革命の八か条は、第五項と第八項の二項を除く六か条について私も全くの同意見であり、賛嘆の言葉に尽き、今日の中国文学界における雷鳴ともいえるでしょう。もし、詳細にその理由とその得失を指摘した一文をご発表いただけるのであれば、そのお仕事はたいへん大きな意味をもつと

表4　1916年10月

『新青年』第2巻第2号	
1	不用典。
2	不用陳套語。
3	不講対仗。（文当廃駢、詩当廃律）
4	不避俗字俗語。（不嫌以白話作詩詞）
5	須講求文法之結構。此皆形式上之革命也
6	不作無病之呻吟。
7	不摹倣古人、語語須有個我在。
8	須言之有物。此皆精神上之革命也

出典：『胡適全集』をもとに筆者作成

表5　1917年1月

『新青年』第2巻第5号	
1	須言之有物。
2	不摹倣古人。
3	須講求文法。
4	不作無病之呻吟。
5	務去濫調套語。
6	不用典。
7	不講対仗。
8	不避俗字俗語。

出典：『胡適全集』をもとに筆者作成

思います。

陳独秀は、とりわけ表4における第八項「須言之有物」について疑問を呈している。いわば、陳独秀からみると、もし中国文学の誇張や空虚さを救おうとするならば、第六項「むやみに感嘆の言葉を用いてはならない（不作無病之呻吟）」だけで十分なのではないかということである。そこで、胡適は陳独秀の疑問に答える形で、「文学改良芻議」を『新青年』第二巻第五号（一九一七年一月）へ寄稿し、表5にあるように「須言之有物」を八か条の先頭にあげている(34)。

ここで、胡適は八か条すべて逐条的に胡適自身の解釈と説明を新たに加えている。第一項「須言之有物」について、重要なのは「情感」と「思想」であるとしている。「情感」は「文学の魂」であり、文学に「情感」がなければ、人に魂がないのと同様に木彫り人形にすぎない生ける屍であるとしている。「思想」については、「見地、識見、理想の三者を合わせたもの」であるとして、文学は「思想」をもつことでますます貴くなり、「思想」も文学的価値を有することでますます貴くなるとしている。これが陳独秀に向けた胡適なりの答えであった。こうして日記に端を見た八か条は、陳独秀のフィードバックを経て、逐条的に解釈が加えられた個別具体的なものとなった。個別具体性を有していたことが文学革命の「口火を切る」存在になった所以である。陳独秀は「文学改良芻議」の次号に援護射撃の如く「文学革命論」を寄稿した。こうして胡適と陳独秀は『新青年』において論壇をともにすることになる。しかし、文学革命に対して両者の見方には相違点があったことに留意したい。

胡適は一九一七年五月に『新青年』第三巻第三号へ「歴史的文学観念論」を寄稿する(35)。そこで、胡適は「白話」を中国文学の正統としつつも、「一時代には一時代の文学」があるとしている。いわば、胡適は歴史的な進化という視点で新文学を位置付けようとしていたのである。前述したように、胡適は学堂時代に厳復の翻訳書を通じて進化論にふれていた。一九一四年一月二十五日の日記には、中国に必要な「術」の一つとして「進化論的な観念」をあげており[36]、新文学の正統性を位置づける際に、胡適はそうした進化論的視点を用いていったのである。

一方で、陳独秀は『新青年』第三巻第三号において「学術発展の原則からして、中国文学の改良のみに至っては、白話文を文学の正統とする説が甚だ明らかであり、反対する者には議論の余地を与えてはならない」と記している[37]。増田渉は、陳独秀について「議論の調子もずっとはげしく、その内容も単なる表現形式の問題をとおり越して、イデオロギー変革に結びつけられ、政治的な啓蒙の面を強く打ち出した」ものであったと論じている[38]。胡適は陳独秀のように「反対する者には議論の余地を与えてはならない」といった頑な態度を示さず、あくまでも漸進的な視角で新文学を位置づけようとしていた。後に記しているように、胡適にとって一足飛びではなく一つ一つの不断な改良こそが真に信頼できる進化であったのである[39]。

第三節　ルネサンス史の援用――「中国的文芸復興」として――

一九一七年五月二十二日、胡適はコロンビア大学での博士論文審査を終え、六月には中国への帰途につく[40]。帰国後は蔡元培の招きによって北京大学へ着任する。胡適は一九一八年四月に『新青年』第四巻第四号へ「建設的文学革命論」を寄稿する[41]。ここで、胡適はこれまでの八か条に加えて、新たに新文学建設のスローガンとして「国語的文学・文学的国語」を提示した。ここでいう「国語的文学」とは「国語を用いた文学」、「文学的国語」とは「文学的価値を有した国語」を指している。いわば、胡適は口語文学の創作を通じて文学的価値のある「国語」を創成しようと考えたのである。では、新たに提示された「国語的文学・文学的国語」の思想的基底はどこにあるのか。「建設的文学革命論」のなかから以下の記述に着目したい。

「国語」とは何人かの言語学の専門家によって創りだされるものではなく、何冊かの国語教科書や国語字典によって創りだされるものでもない。もし「国語」を創る必要があるならば、まず「国語的文学」が必要である。「国語的文学」があってこそ、自ずと「国語」が規定されてくるのである。…〔中略〕…私（胡適―引用者注）はここ数年にわたって、ヨーロッパ各国における「国語」の歴史を研究してきた。各国では先述した形で「国語」が創成され、教育部のご老体たち、言語学の専門家や文学者によって創られてはいなかった。ここでヨーロッパのいくつかの例をあげてみたい。

一、イタリア：五〇〇年前、ヨーロッパ各国ではただ方言があるだけで、「国語」は存在しなかった。そのなかでも、ヨーロッパで最も早い「国語」を確立したのがイタリアである。当時、ヨーロッパ各国の多くの人々はラテン語で著述していた。十四世紀初期になって、イタリアの文学者ダンテがラテン語の代わりにイタリア語で自らの主張を展開した。彼はラテン語がすでに死んだ文字であり、我が国の俗語のように優美ではないと説いた。故に、彼自身の代表作『神曲』ではトスカナ地方の俗語が用いられている。この『神曲』は広く流行し、神聖なものと呼ばれるようになった。『神曲』で用いられたことばは次第にイタリアの標準的な「国語」となっていった。後の文学者であるボッカチオやロレンツォ・メディチなども俗語を用いて文学を創作したため、一〇〇年たたずして、イタリアの「国語」は完全に成立した。

二、イギリス：イングランドは小さな島国であるけれども、無数の方言がある。現在、全世界で通行している「英語」とは五〇〇年前にロンドン付近一帯の方言であり、「中部の地域的方言」と呼ばれていた。十四世紀になると、各地の方言を用いて著述する人が出始め、十四世紀末には二人の大文学者チョーサーとウィクリフがいた。チョーサーは多くの詩歌をつくり、散文では「中部の地域的方言」を用いた。ウィクリフはキリスト教の『旧約聖書』、『新約聖書』を「中部の地域的方言」へ翻訳した。これらの文学があったことで、「中部の地域的方言」がイギリスの標準的な「国語」となっていった。後の十五世紀には印刷術がイギリスへもたらされ、印刷された書物の多くで用いられた「中部の地域的方言」に「国語」の標準が定まっていった。十六世紀、十七世紀に至って、シェイクスピアや「エリザベス時代」の無数の文学者はみな「国語」を用いて文学を創作した。これ以後、一部分であった「中部の地域的方言」は、イギリスの標準的な「国語」になるだけではなく、全地球の世界的なことばとなったのである。

このほか、フランス、ドイツ、その他の各国の「国語」は大方このように創成され、文学の力量によって初めて標準的な「国語」になることができたのである。

ここで胡適は「国語」の創成には「国語的文学」が必要であり、「文学的国語」となることで標準的な「国語」を確立できると説いた。そのなかで、「ここ数年にわたって、ヨーロッパ各国における国語の歴史を研究してきた」としている。これまでも、例えば「文学改良芻議」でもイタリアのダンテ、宗教改革でのルターの役割に言及していた。上記の「建設的文学革命論」では、「ヨーロッパ各国における国語の歴史を研究し」たことにより、イタリアとイギリスが具体例として記されている。竹内好も評しているように、「当時の人々としては、実際革命的な価値の転換」があり、「それは丁度、ヨーロッパのルネサンスで中世を支配したラテン語が駆逐されて、土語がこれに代って国語の位置にせり上ったと同じ歴史的事実」であるかのようにみえた。[42] なぜヨーロッパへの論及が具体的となったのかといえば、アメリカ留学からの帰途で読んだエディス・シシェルの『ルネサンス』によるところが大きいといえる。[43] 留学日記の「帰国記」には、「その本には、ヨーロッパ各国における国語の創成が論じられており、参考にすることができる」として、以下のように概要とその読後感が記されている。[44]

中世ヨーロッパでは、各国にそれぞれ地域的方言があったけれども、文学は存在しなかった。学者が学問に通じた著述をするためには、みなラテン語を用いていた。当時のラテン語は我が中国でいう文言のようなものである。「国語」が創成されたのは、まずイタリアからである。イタリアはローマの旧都であり、故にそこでの言葉は最もラテン語に近く、ラテンの「俗語」と呼ばれていた。

「俗語」が文学となったのはダンテからである。ダンテは一二六五年に生まれ、一三二一年に没した。著書の『神曲』、『新生』は双方ともに「俗語」で書かれている。前者は韻文、後者は散文である。これらが「俗語文学」の先がけとなり、イタリアでも「文学的国語」が創りだされるようになり、ここからヨーロッパの新文学へとなっていったのである。

ダンテの少し後にペトラルカ、ボッカチオがいる。ペトラルカは文学を提唱し、詩歌をつくり、それらは国語で書かれることはなかったが、口語で著した叙情詩は民間に広く行きわたり、人心に深く入り込んでいった。ボッカチオは散文をつくり、著した小説は広く伝播し、俗語で書かれていた。これらはダンテを助け、イタリアの文学を創りだしていった。その後のアルベルティは博学多芸なものであった。その俗語を用いた主張は優れたものであった。その主張には、「ラテン語は既に死んだ文字であり、新たな国家建設の用に供するには足らないものである」と。故にアルベルティはラテン文に優れていたが、著述の全てに俗語が用いられていた。

アルベルティに続いて、詩人のポリツィアーノとメディチがいる。両者は俗語で卓越した詩歌をつくり、「俗語文学」をなした。

この他にも『俗語読本』を著したベンボのような名人がいて、俗語での弁論は力強いものであった。

イタリアはダンテから二〇〇年ならずして大成した。これはこれまでにあげた諸人が俗語を用いて、そのみながラテン語を廃すべきと心から思い、故に「国語」で著述するのみならず、弁論をも展開していた。それを「有意的な主張」として、価値ある著作を送り出したため、最も早い効果をおさめることができた。

我が中国に俗語文学ができて久しい。宋代の語録、元代の小説から今日に至るまで一〇〇〇年も経っている。ただし、いまだに「白話」によって「国語」を創りあげることはできていない。明白な主張をして、「国語」で弁論していた人は存在し、価値ある著述もあったけれども、頑固な古文家の潜在能力にあらがうことができず、ついには「白話」を「国語」

にすることができなかった。

フランスの「国語的文学」の発生は、イタリアの文学史ともすこぶる似ている。そのはじめは民間の俗謡芸能だけであった。ヴィヨンの歌詞、マロの小名辞はフランス文学における創始といえる。後のロンサールとベレーは詩人である。ある日、両者は村の店で出会って、詩歌に言及すると、フランス語を用いなければならなかった。両者は後に五人の同志を得て、「七賢」と呼ばれ、フランス語の詩歌の提唱に専念した。「七賢」のなかで、ロンサールが最も有名である。一五五〇年にベレーが述べたように、「フランスの俗語は古代文字に恥じることない」と、多くの例をもって断言することができる。「七賢」の著作は、みなが「有意的な主張」として、それが価値ある著作を助け、故に最大の効果をおさめることができた。

「七賢」はみな詩人である。同時期のラブレーは滑稽小説『ガルガンチュワとパンダグリュエル物語』で世をあてこすった。その書は『西遊記』の前半十回と凡そ似ている。その書は広く行きわたって、フランス語の散文の基礎となった。ラブレーの後のモンテーニュは『エセー』を著し、エッセイの文体を創始し、フランス語の散文はここに至って大成した。

十七世紀に至ると、コルネイユ（劇作家）、パスカル（哲学）、モリエール、ラシーヌ（劇作家）の諸人が登場し、フランス文学が堂々とした輝かしいものとなり、世界の光となった。

この他にドイツ語、英語の発生は、きわめて微細なところから始まり、その結果、広大なものとなっている。現在、白話文学を提唱している者は、興味深いこの点をみるべきである。

ここで胡適はヨーロッパのルネサンス史における新文学が確立されてきた歴史的過程を記している。弁論の展開も含んだ「有意的な主張」を背景に、ヨーロッパ各国では新文学の創作（「国語的文学」）を通じて、文学的価値を有する国語（「文学的国語」）がつくりあげられてきたという。さらに、胡適は自らの問題意識として、当時のラテン語が中国での文言のようなものであり、中国で俗語文学ができて久しいが、「白話」を「国語」にするまでには至っていないと評している。

以上の「帰国記」にある記述をふまえれば、留学から帰国後にヨーロッパに対する胡適の叙述が具体化したのはエディス・シシェルの『ルネサンス』によるものであるといえる。日中間の思想交流やアメリカ留学経験をふまえて近代化の必要性を感じつつも、同時に胡適はルネサンスの歴史的展開に着想を得て、ラテン語からの転換に中国との類似点を見出し、「有意的な主張」とするためには文学創作を媒介とした国語統一が重要であると認識するようになった。こうした背景によって、帰国後の「建設的文学革命論」では、イタリアとイギリスを具体例として出しながら、「白話」を「国語」へと読みかえた新たなスローガン「国語的文学・文学的国語」を提示するに至ったのである。

小結

本章では、アメリカ留学を通じた胡適の文学論の形成過程について考察してきた。総じて、アメリカ留学が胡適の文学論形成に果たした役割として、以下の二点を特筆することができる。

第一に、胡適の文学論は胡適単独によるものではなく、清末の学堂経験を基盤にアメリカ留学のなかで具体化していった点である。胡適のアメリカ留学は義和団事件の賠償金返還によるものであり、アメリカへの留学生が増加していった時期でもある。中国人留学生内では東アメリカ学生会といった留学生コミュニティも存在し、胡適が文学論議の契機としているワシントン清華学生監督所での出来事は公費留学であるからこそ遭遇しえたことである。胡適と文学論議を交わした梅光迪も公費留学生としてアメリカへ渡った一人である。梅光迪はノースウェスタン大学を卒業し、ハーバード大学ではアーヴィング・バビットのもとで文学を専攻した。文化保守主義をとっていた梅光迪は胡適と意見が異なることも多く、両者は文学について頻繁に議論を交わしていた。梅光迪は留学から帰国後に雑誌『学衡』を創刊し、「白話」の再評価に対して異論を呈し、胡適は梅光迪をはじめとする学衡派と文学論議を再び展開していくことになる。また、陳独秀とのやりとりもアメリカ留学中からあり、その結果、胡適による文学革命の八か条は個別具体的なものとなって、『新青年』における「文学改良芻議」へと結実した。胡適が留学から帰国後に北京大学へと着任することで、胡適と陳独秀は北京大学を編集基盤に『新青年』で論壇をともにすることになる。総じて、胡適の文学論は清末での学堂経験をもとに、アメリカ留学では学友との議論、また時には中国の動向に関心を寄せ、それらのやりとりを通じて形成されたものであるといえる。これまでの研究史において、胡適は文学革命の発火点であるとされてきた。胡適が「口火を切る」存在となりえたのは、八か条という形で個別具体的な条項をともなっていたからであり、その形成を本章でみてきた思想空間が支えていたとみることができる。

第二に、胡適はルネサンスの歴史的展開から着想を得て、新文学の創作を通じた「国語」の創成を説いていた点である。留学直後に胡適は中国の古典のテキストを多く読み込んでおり、コロンビア大学で執筆した博士論文も中国古代哲学から論理学の歴史的展開を抽出しようとするものであった。新文学建設にあたり、胡適は「一時代には一時代の文学」があるとして自らの文学論に進化論を組み込み、「白話」を再評価する正統性を得ようとした。ただし、そのために、胡適からしてみれば、自らの主張はどのような歴史的文脈に拠って立つのか、いかに「伝統」と接続しているのかという試行錯誤が必要であった。実際に、文学革命の八か条をみても、清朝を代表する桐城派の文学テーゼである「言之有物」が盛り込まれている。[45] これら胡適による一連の思想的模索は、序章でも述べたように、「近代主義と歴史主義の接点」を探ろうとする営みであり、まさしくそれは近代社会が拠って立つ「伝統の創造」をより意義のある形で模索したものであると読みとることができる。その模索のために、併せて胡適が援用したのはルネサンスの歴史的展開であった。なかでも、胡適はヨーロッパにおけるラテン語からの脱却に中国との類似点を見出し、これまでの「白話」を「国語」と読みかえて、文学創作の中核的構成要素にすえようとした。その結実といえるのが新たなスローガンとして提示した「国語的文学・文学的国語」である。胡適が後に「Chinese Renaissance（中文では「中国的文芸復興」）」[46]と意義づけたのは、ルネサンスの歴史的展開から着想を得たからであり、この思想的基底をもとに胡適は「国語科」における「国語文」の位置づけと「古文」教材の条件を模索していくことになる。

【注】

（1）語彙交流として重要になるのが新漢語の研究である。例えば、沈国威『改訂新版新装版　近代日中語彙交流史　新漢語の生成と受容』（笠間書院、二〇一七年）。
（2）「四十自述」（季羨林主編『胡適全集』第十八巻、安徽教育出版社、二〇〇三年、所収）五十七―五十九頁。
（3）「四十自述」（『胡適全集』第十八巻、所収）六十九―七十七頁。
（4）杉村美紀「アジアにおける留学生政策と留学生移動」（『アジア研究』第五十四巻第四号、二〇〇八年、所収）十一頁。
（5）村田雄二郎「二十世紀システムとしての中国ナショナリズム」（西村成雄編『現代中国の構造変動三　ナショナリズム―歴史からの接近』東京大学出版会、二〇〇〇年、所収）五十九頁。
（6）苑書義、孫華峰、李秉新主編『張之洞全集』（河北人民出版社、一九九八年）。『勧学篇』は『張之洞全集』第十二冊に所収。
（7）さねとうけいしゅう『増補　中国人日本留学史』（くろしお出版、一九七〇年）、黄福慶『清末留日学生』（中央研究院近代史研究所、二〇一〇年、一九七五年初出）、厳安生『日本留学精神史　近代中国知識人の軌跡』（岩波書店、一九九一年）、薩山雅博『明治日本与中国留学生教育』（雄山社、二〇一六年）。
（8）周一川『近代中国人日本留学の社会史　昭和前期を中心に』（東信堂、二〇二〇年）。
（9）王小丁『中美教育関係研究（一八四〇―一九二七）』（四川大学出版社、二〇〇九年）二一五頁。
（10）「会奏為収还美国賠款遣派学生赴美留学辦法折」（陳学恂、田正平編『留学教育　中国近代教育史資料匯編』上海教育出版社、二〇〇七年、所収）一七九―一八一頁。この専攻割り当てが間接的な要因となって、これまでの諸研究では、アメリカ留学経験者が主として帰国後に科学技術振興や教育改革へ携わったとされている。例えば、田正平『留学生与中国教育近代化』（広東出版社、一九九六年）、元青「民国時期的留美学生与中美文化交流」（『南開学報』二〇〇〇年第五期、所収）。

（11）一八〇人の内訳は、第一次派遣は四十七人、第二次派遣は七十人、第三次派遣は六十三人。

（12）胡頌平『胡適之先生年譜長編初稿 増補版』（聯經出版事業、第一巻、二〇一五年）一〇三頁。

（13）一九一一年の『留学日記』には、他にも『杜詩』、『説文解字』、『王臨川集』、『馬氏文通』、『陶渕明詩』、『謝康楽詩』、『荀子』、『顔習齋年譜』などが読書記録として記されている。『胡適全集』第二十七巻を参照。胡適が留学直後に中国の伝統的な古典のテキストを読み込んでいたことについては、余英時『中國近代思想史上的胡適』（聯經出版、一九八四年）二十一―二十七頁。

（14）「致章希呂」（『胡適全集』第二十三巻、所収）三十七頁。

（15）『胡適口述自伝』（『胡適全集』第十八巻、所収）一八七―一九二頁。

（16）「記本校卒業式」（『胡適全集』第二十七巻、所収）三三四―三四一頁。

（17）「欧美学生与中国学生」（『胡適全集』第二十八巻、所収）一九五頁。

（18）「自序」（『胡適全集』第二十七巻、所収）一〇四頁。

（19）「統一読音法」（『胡適全集』第二十七巻、所収）三四八―三五三頁。他にも一九一六年一月三十一日の日記には、「読音統一会公制字母」（『胡適全集』第二十八巻、所収）三二三―三二五頁が記されている。

（20）「読章太炎『駁中国用万国新語説』後」（『胡適全集』第二十八巻、所収）二九九―三〇五頁。

（21）平田昌司「「仁義礼智」を捨てよう―中央研究院歴史語言研究所の出現」（小南一郎編『学問のかたち―もう一つの中国思想史』汲古書院、二〇一四年、所収）三二六頁。

（22）「逼上梁山」（『胡適全集』第十八巻、所収）一〇三―一〇四頁。

（23）詳細については、「逼上梁山」（『胡適全集』第十八巻、所収）九十九―一〇三頁、『胡適口述自伝』（『胡適全集』第十八巻、所収）二九六―三〇〇頁。

（24）「如何可使吾国文言易于教授」（『胡適全集』第二十八巻、所収）二四四―二四七頁。

（25）「送梅観庄往哈佛大学詩」（『胡適全集』第二十八巻、所収）二六八―二六九頁。

（26）梅光迪との論争については、阪口直樹「反〝俗〟の文学集団―学衡派」（『同志社商学』第五十四巻第一・二・三号、二〇〇二年、所収）、万向上「もうひとつの新文化運動―学衡派梅光迪の模索―」（『愛知県立大学大学院国際文化研究科論集』第二十一号、二〇二〇年、所収）、耿雲志「胡適与梅光迪―従他們的争論看文学革命的時代意義」（『耿雲志文集』上海辞書出版社、二〇〇五年、

所収、一九九二年初出）、劉貴福「梅光迪、胡適留美期間関于中国文化的討論—以儒学、孔教和文学革命為中心」（『近代史研究』二〇一一年一期、所収）。

（27）「与梅観庄論文学改良」（『胡適全集』第二十八巻、所収）三一七頁。

（28）「吾国文学三大病」（『胡適全集』第二十八巻、所収）三五六頁。

（29）「逼上梁山」（『胡適全集』第十八巻、所収）一一二頁。

（30）「四十自述」（『胡適全集』第十八巻、所収）一〇六—一〇七頁。

（31）「文学革命八条件」（『胡適全集』第二十八巻、所収）四三九頁。

（32）「寄陳独秀」（『胡適全集』第一巻、所収）三頁。

（33）「答胡適之」（任建樹主編『陳独秀著作選編』第一巻、上海図書館、二〇一四年、所収）二四一頁。

（34）「文学改良芻議」（『胡適全集』第一巻、所収）四—十五頁。

（35）「歴史的文学観念論」（『胡適全集』第一巻、所収）三十—三十三頁。

（36）「今日吾国急需之三術」（『胡適全集』第二十七巻、所収）二六一頁。

（37）「再答胡適之」（『陳独秀著作選編』第一巻、所収）三三八頁。

（38）増田渉『中国文学史研究』（岩波書店、一九六七年）十頁。

（39）「介紹我自己的思想」（『胡適全集』第四巻、所収）六五九頁。胡適が文学革命と進化との関係をいかに捉えていたのかについては、『白話文学史（上巻）』の冒頭「引子」（『胡適全集』第十一巻、所収）二一五—二一九頁にその詳細をみることができる。

（40）「博士考試」（『胡適全集』第二十八巻、所収）五六一—五六二頁。審査委員として、Professor John Dewey、Professor D. S. Miller、Professor W. P. Montague、Professor W. T. Bush、Professor Friedrich Hirth、Professor W. F. Codey の名が記されている。しかし、実際に手続きを経て正式に学位が授与されたのは一九二七年のことである。余英時「胡適「博士学位」案的最後判決」（『重尋胡適歴程　胡適生平與思想再認識（増訂版）』聯經出版事業、二〇一四年、所収）。

（41）「建設的文学革命論」（『胡適全集』第一巻、所収）五十二—六十八頁。

（42）竹内好「支那の国語運動」（『竹内好全集』第十四巻、筑摩書房、一九八一年、所収）二二九—二三〇頁。

（43）Edith Sichel, *The Renaissance* (London : Williams and Norgate, 1914). エディス・シシェルはイギリス人作家であり、『ルネサンス』は「Home University Library of Modern Knowledge」のシリーズから一九一四年に出版されたものである。邦訳もなされており、訳者の飯田敏雄は「既にこの方面に深い知識を持っている人々が読まれれば、それ丈け首肯同感するところを見出し、又新にルネサンスなるものの全般を知ろうとする人々に取っては、この書などが最もよい手引となるだろう」と評している。飯田敏雄（訳）『イタリー及び北欧に於けるルネサンス』（昭南書房、一九四四年）三頁。

（44）「帰国記」（『胡適全集』第二十八巻、所収）五六八―五七五頁。竹元規人「胡適の中国哲学史・思想史構想とその困難―『宗教』、『科学』、『ルネサンス』」（『中国哲学研究』第二十一号、二〇〇五年、所収）、李貴生「論胡適中国文芸復興論述的来源」（『漢學研究』第三十一巻第一期、二〇一三年、所収）では、胡適の留学日記とエディス・シシェルの原著との比較検討が行なわれているが、「国語的文学・文学的国語」までふみこんだ検討はなされていない。

（45）例えば、中島隆博「古文、白話そして歴史―胡適」（『残響の中国哲学　言語と政治』東京大学出版会、二〇〇七年、所収）。

（46）これまでも「Chinese Renaissance」にかかわる胡適の英文著作や講演については、欧陽哲生「中国的文芸復興―胡適以中国文化為題材的英文作品解析」（『近代史研究』二〇〇九年第四期、所収）、席雲舒「胡適〝中国的文芸復興〟思想初探」（『文芸研究』二〇一四年第十一期、所収）、Gang Zhou, *Placing the Modern Chinese Vernacular in Transnational Literature*（New York: Palgrave Macmillan, 2011）。胡適の「Chinese Renaissance」は同時代の思想家や後の言語学史研究でもラテン語と中国語はパラレルな関係になく、たとえとしても表面的なものであると疑問が呈された。例えば、Ivor Armstrong Richards,（1932）'The Chinese Renaissance'. *Scrutiny: A quarterly review*, 1（2）, pp. 102-113、John DeFrancis,（1985）'China's literary renaissance: A reassessment'. *Bulletin of Concerned Asian Scholars*, 17（4）, pp. 52-63 がある。

第三章　「実験主義の信徒」として

胡適の自伝には『胡適口述自伝』、『四十自述』、「逼上梁山」の三つがある。[1]内容としてアメリカ留学期についての回想が多くを占めている。その回想のなかでも、前章で論じた文学論の形成とともに重要な柱をなしているのがコロンビア大学時代に師事したデューイとの関係である。

留学時代に師事したデューイからの思想的影響については、胡適自身も留学日記の出版に際した序文において、自らの哲学的基礎はデューイの実験主義によるところが大きいと記すほどであった。[2]胡適の文意では、デューイが好んで **Pragmatism** を用いなかったので、その訳語の「実際主義」ではなく、代わりに **Experimentalism** の訳語である「実験主義」が哲学体系をあらわす総称として使われている。従来の諸研究でも、胡適がデューイからの思想的影響として「方法」を繰り返し強調していたことが明らかになっている。[3]この胡適による「方法」としての強調について、小林文男は、胡適が一つの「方法」として自らの学問研究に適用し、「方法」の強調は同じくデューイのもとで学んだ陶行知と共通するとしている。[4]余英時は、胡適がチャールズ・ダーウィンの進化観念を受け継いでいる点に実験主義の優位性を見出し、新ヘーゲル主義の影響下にあった初期デューイを放棄したとしている。[5]この余英時による指摘は受容主体として胡適がいかにデューイ哲学を理解していたのか考察するうえで重要なものである。[6]

一九二〇年代の教育改革においてアメリカからの影響が指摘されるのは、アメリカ留学経験者の活躍に加えて、デューイ、ポール・モンロー、ウィリアム・ヒアド・キルパトリックなどアメリカを代表する教育学者の訪中が実現したことによる[7]。その当事者の一人として、胡適は余英時が指摘したデューイ理解を背景に壬戌学制とそれにともなう「国語科」の編成に参画していたと考えられる。長谷川豊は、新思潮が次々ともたらされた五四時期であったからこそ、胡適は「実験主義の信徒」として自らの思想的営為を展開させていったとしている[8]。しかしながら、従来の諸研究では、胡適が受容主体としてデューイからの影響のなかでも「方法」に重要性を求めるようになった点とそこにいかなる思想的背景があったのかについて、十分な考察がなされていると言い難い。

当該時期の教育改革におけるアメリカからの影響について、その基底をより克明とするためには制度設計に携わった人物がアメリカを代表する教育思想をどのような射程でとらえ、いかなる思想状況のもとでその影響が自覚的なものになったのかが重要となる。師事を含む留学経験やアメリカからの訪中の事実だけでは不十分である。そのため、胡適によるデューイ思想の受容とその自覚に至るまでの展開は、アメリカからの影響を考察するうえで重要な意義を有するといえる。

そこで、本章では、まずアメリカ留学を通じて、胡適がデューイとどのように接点をもち、その接点のもちかたが胡適のデューイ理解にどのような影響を与えたのかについて考察する。そのうえで、帰国後における李大釗との「問題と主義」論争を取りあげ、胡適がデューイからの影響として「方法」を強調し、「実験主義の信徒」としての自覚をもつに至ったことを示す。

第一節 西洋知の受容と展開

近代東アジアにおいて留学経験者による西洋知の受容は近代国民国家の建設に向けた動きを下支えするものであった。胡適のアメリカ留学は一九一〇年九月からコーネル大学に始まり、一九一五年九月からはコロンビア大学でデューイに直接師事した。欧陽哲生が論じるように、新文化運動の拠点となった『新青年』において、陳独秀、魯迅、周作人、銭玄同、李大釗が日本留学経験者であるのに対して、胡適のようなアメリカ留学経験者はごく少数であった。(9) 胡適にとってアメリカ留学とは思想形成の基盤であると同時に、自らの思想を語るうえでの重要な一要素として自覚されるようになった。ここで、アメリカ留学が果たした役割を読みとくため、以下の二点に着目したい。

第一に、西洋知の受容に際して留学が果たした役割である。西洋知の受容は留学を介することが多く、それ故に留学は近代的な国家建設を担う人材の育成のために不可欠な事業として位置づけられた。平野健一郎は国際文化論の視座から文化受容における留学生の役割を「文化運搬者」と位置づけている。(10) 本章で取りあげる実験主義の受容と展開も、平野による「文化運搬者」の枠組みがあてはまるといえる。コロンビア大学で学んだ中国人留学生は、胡適のみならず陶行知、郭秉文、陳鶴琴、蔣夢麟など多数存在し、デューイ訪中の準備はコロンビア大学への留学経験者が中心となって進められた。図1はデューイが上海に到着したときの集合写真である。(11) 集合写真にはデューイ夫妻をはじめ胡適、蔣夢麟、陶行知が映っている。こうした留学経験者が媒介として機能したことにより、実験主義が広く中国国内へ伝播していくことになったのである。

第二に、西洋知の受容と「翻訳」との関係についてである。西洋知の受容は、その多くが留学生の「翻訳」を通じて行なわれるものであり、そうして初めて本国へともたらされるのである。齋藤希史が論じるように、こうした

図1　デューイ夫妻との集合写真（上海）

出典：『新教育』第1巻第3期（1919年5月）

「翻訳」によって「伝統的な知や文体は放棄されたのではなく」、「新たな要素が加えられ、全体が組み換えられ再編されて、新たな知や文体が形成された」とすることができる。[12] 胡適を例にしても、アメリカ留学から帰国後に自らの講演で実験主義を語り、帯同したデューイの講演会では自らその通訳を務めた。ここに胡適による「翻訳」をみてとることができる。[13]

この胡適による「翻訳」をめぐって、これまで様々な議論がなされてきた。一九五〇年代半ばでは、徹底した階級闘争の一環として胡適への批判運動が展開され、胡適が実験主義を「曲解」しているとまで評された。一九八〇年代を皮切りにデューイを含め再評価が進み、そうした評価はみられないものの、「翻訳」における「等価」に着目し、現在もなお胡適が実験主義を「誤読」、「誤訳」していたと指摘する研究がある。[14]

しかし、胡適による「誤読」や「誤訳」を指摘する研究には大きなパラドクスが含まれている。いわば、文化受容における「翻訳」は受容側の文化体系により選択的かつ相対的にならざるをえないため、ここに翻訳元の言語との「等価」を要求してしまえば、その多くが「誤読」や「誤訳」になりかねないのである。功利主義を例に、佐藤豊は「近代化にともない、この西洋起源の思想も受容されることになるのだが、このことは必ずしも西洋で持っていた価値をそのまま受容したことを意味せず、それは「文化が受容されるとき、常にその文化体系によるフィルターを通して選択的に行われ、体系内の諸要素と通時的・共時的な比較によって、その価値が相対的に決定されるからである」としている。[15]ここで述べられているように、「翻訳」は受容主体のフィルターを通じた選択的かつ相対的な営みであるため、西洋知との等価的関係は成り立たないのである。中国人留学生は各々が中国的背景を有しており、そのうえで西洋知と出会う。胡適を例にしてみれば、余英時が論じるように、中国的背景のなかでも、とりわけ考証学的背景をもとにデューイへと接近していった。[16]実際に、清朝考証学を代表する戴震の再評価を通じて、胡適は演繹と帰納を総合化する科学的精神を清朝考証学に見出そうとしていた。[17]すなわち、あくまでもデューイの全てを等価的に受容したのではなく、胡適はアメリカ留学経験を通じてデューイとの接点をもち、その体系を選択的かつ相対的にとらえていったのである。

第二節　胡適とデューイの思想的関係

まず（一）では、胡適がコロンビア大学に進学するに先立って、いかなる形でデューイとの接点をもったのかについて示す。そのうえで、（二）では、デューイ訪中直前（一九一九年春季）の胡適による講演録をもとに、胡適がデューイの思想的展開をいかにとらえていたのかについて考察する。

（二）デューイとの接点

胡適は一九一二年春学期からコーネル大学の文学院で哲学を専攻した。一九一五年九月にコロンビア大学へ進学するまでコーネル大学のあるイサカで過ごした。胡適はコーネル大学の文学院で哲学の授業を多く履修していたが、いかなる形でデューイとの接点をもったのであろうか。[18] その接点として以下の二点をあげることができる。

第一の接点として、コーネル大学の哲学教員たちが実験主義を批判していたことから、デューイの著作を体系的に読むようになったことがあげられる。胡適による晩年の『胡適口述自伝』によれば、当時コーネル大学の哲学教員たちは「新唯心主義（New Idealism）」に傾倒し、実験主義を批判していたという。[19] ここでの「新唯心主義」とは、「客観唯心論（Objective Idealism）」とも呼ばれ、ヘーゲルの影響を受けたイギリスの思想家トーマス・ヒル・グリーンからの系譜によるものであったと胡適は記している。[20] すなわち、当時アメリカで形成されていた新ヘーゲル主義の影響からコーネル大学では実験主義が批判され、デューイもその対象となっていた。これをきっかけとして、胡適はデューイの著作を体系的に読むようになり、チャールズ・サンダース・パースとウィリアム・ジェームズはすでに亡くなっていたため、デューイをそれに続く「実験主義の中核的存在」とみなすようになったのである。

第二の接点として、コーネル大学地質学教授の次女イーデス・クリスフォード・ウィリアムズを介したものがある。アメリカ留学期の胡適にとってウィリアムズは情操的支柱であり、多くの書信を互いに交わしている。[21] 胡適がウィリアムズと出会い、書信を頻繁に交わすようになった一九一四年から一九一五年にかけてはまさしく第一次世界大戦下であり、胡適はコスモポリタンな国際主義を各地の講演で説いてまわっていた。しかし、各地での講演活動に熱心に取り組むがあまり、コーネル大学における学内の奨学金に落選してしまった。[22] ここで改めて専門的な哲学研究へ専念することの重要性を感じた胡適は、一九一五年五月二十八日の日記において、互いの専門分野に全力を注ぎ、これ以後は東洋と西洋の双方の哲学を専門として万事を尽くすことをウィリアムズと誓ったと記している。[23]

そうしたなかで一九一五年八月四日のウィリアムズにあてた書信には、コロンビア大学へ進学することに加えて、ウィリアムズに教えてもらった『アトランティック（The Atlantic）』と『ニュー・リパブリック（The New Republic）』にあるデューイの論説を興味深く読んだと記している。[24] 後の留学日記出版に際した序文で、胡適はデューイとの接点として、一九一五年夏休みにデューイの著作を読みあさるようになったと記している。[25] そのきっかけの一つは哲学研究へ専念することを誓ったウィリアムズからの紹介によるものであったといえる。

(二) デューイ訪中と胡適による紹介

胡適は一九一七年五月に博士論文の審査を終えた。アメリカ留学中は、特に一九一五年夏休み以降、口語文学の確立を目ざす文学革命が学友との中心的議題であった。そのため、晩年の『胡適口述自伝』にはコロンビア大学在学中にデューイの「論理学之宗派」と「社会政治哲学」を履修したことなど多くの記述がみられるが、在学中の同時代史料に胡適によるデューイについての体系的な記述をみることはできない。[26] パース、ジェームズを含めた形で、胡適が初めて総説的に実験主義を論じたのはデューイ訪中直前の一九一九年春季のことであった。

デューイがコロンビア大学からの在外研究期間を活用して日本へと赴いたのは一九一九年二月のことである。日本への招聘にあたっては日本興業銀行副総裁の小野英二郎の役割が大きく、渋沢栄一もその資金的援助に加わっていた。[27] 東京帝国大学ではデューイの連続講演が展開され、それらは後に『哲学の改造』の基盤となった。こうしたデューイの日本訪問の情報を受けて、陶行知は一九一九年三月十二日に胡適へあてた書信で、デューイに訪中を要請すれば、六割か七割の確率で中国へ来てくれるであろうとしている。[28] すなわち、コロンビア大学に留学経験がある郭秉文が東京で実際にデューイへと接触し、胡適は陶行知を通じてデューイ訪中が実現しそうであることを知らされていたのである。ここで、胡適はデューイ訪中に備えて、各地の講演でパース、ジェイムズ、デューイの思想体系を論じ、その講演録は『新青年』第六巻第四号（一九一九年四月）、『新教育』第一巻第三期（一九一九年五月）、『新中国』第一巻第二号（一九一九年六月）に収録された[29]。一連の胡適による講演録がそれぞれ主要誌へ収められたことは反響をもって実験主義が広範な読者層へ行き届いたことを意味している。そうした講演録のなかから、胡適がデューイの思想的展開をいかにとらえていたのかについて、以下の二点に着目したい。

第一に、胡適が実験主義の思想的系譜をダーウィン以来のものであると位置づけている点である。十九世紀後半のアメリカ哲学界においてダーウィンの著作が大きな反響をもって受け入れられたことは周知の通りである[30]。胡適は科学史にとって十九世紀は精緻な方法論をつくり上げた華々しい時代であり、そうしたなかで登場してきたダーウィンの進化論は実験主義と極めて重要な関係にあるとしている[31]。ダーウィンの主著である『種の起源』が出版されたのは偶然にもデューイが生まれた一八五九年と同年であり、出版五十周年にあたる一九〇九年にデューイは「ダーウィンと科学に対する彼の影響」と題した講演を行なっている[32]。こうした背景をもとに、胡適は、実験主義の系譜について、ダーウィンの進化観念を初めて哲学へと応用し、その結果として「歴史的態度（The Genetic Method）[33]」を発生させたものであると位置づけたのである。

第二に、デューイの思想的展開のなかでも、シカゴ大学期以降を射程におきながら胡適がデューイ哲学を論じている点である。実際に、胡適の講演録をみれば、デューイについての記述の全てがシカゴ大学期以降を射程においたものであることがわかる。『新教育』での「杜威哲学的根本観念」の冒頭では、「実験主義の中核的存在」であるデューイの重要文献として『学校と社会』などシカゴ大学期以降のものが列挙されている[34]。『新中国』での「杜威論思想」では、デューイの目的はどのように「創造的知性」を養うのかにあり、なかでも重要となるのが「仮説」であるとしている。さらに、『思考の方法』と『民主主義と教育』を参照しながら、反省的思考の五段階（①判断しがたい状況に出合う、②解決困難な点を見定める、③解決方法を仮定する、④適用する仮説を決定する、⑤証明する）

について論じている。[35]『新教育』での「杜威的教育哲学」では、デューイが哲学は広義的には教育哲学であると常に述べていたとしつつ、その点と密接に関わるものとして『民主主義と教育』の第二十五章「認識の理論」と第二十六章「道徳の理論」を取りあげている。[36]そして、『民主主義と教育』がデューイの教育哲学を代表する著作であるとして、デューイの教育哲学が果たした最大の貢献は階級社会から伝わってきた教育理論と教育制度を改革し、教育を通じて民主主義社会の真の担い手となる市民を育成しようとしたことにあるとしている。

以上を総合すれば、胡適が取りあげているのは、デューイの思想的展開のなかでもシカゴ大学期以降のことであり、『民主主義と教育』を教育哲学の中核においている。これは言いかえれば、胡適による講演録では、新ヘーゲル主義の影響下にあったシカゴ以前の初期デューイについて全く論じられていないことを意味する。コーネル大学内の実験主義批判がデューイとの接点であったことから、胡適がデューイをとらえるにあたって、その射程にシカゴ以前の初期デューイは含まれていなかった。すなわち、前述した点と合わせれば、いかにデューイと接点をもったのかが影響して、胡適はダーウィニズムとの関連に実験主義の優位性を見出し、初期デューイが観念論的で新ヘーゲル主義の影響下にあったことを放棄することになったのである。

第三節　マルクス主義との論争関係

デューイが上海に到着した数日後に北京で五四運動があり、胡適は大きな政治思想的変動に直面する。そこで、まず（一）では、閉塞的な議会状況を目の前にして、胡適が新文化のために思想文芸の解放を優先させ、政治問題を語らないという「不談主義」を転換させたことを示す。そのうえで、（二）では、李大釗との「問題と主義」論争を取りあげ、胡適がデューイからの思想的影響としてその「方法」に重要性を求め、その結果として「実験主義の信徒」としての自覚をもつに至ったことを論じる。

（二）思想文芸と政治――「不談主義」の転換――

胡適はアメリカ留学中に限ってみても、様々な活動を通じて政治へ深い関心を寄せていた。実際に、胡適が世界学生会（Cosmopolitan Club）の活動を通じてアメリカ政治と深くかかわるようになったのは、コーネル大学での一九一二年春学期以降のことである。一九一二年十月三十日に、世界学生会でアメリカ大統領選挙の模擬投票が実施され、胡適は日記に模擬投票について自らの分析を記している。[37] そのうえで、同年十一月五日と六日には実際の大統領選挙の投開票が行なわれ、日記にその結果と民主党のウッドロー・ウィルソンが勝利したことを記している。[38] 胡適は中国人留学生と政治研究会を立ち上げるなど、次第に世界学生会の活動に熱心に取り組むようになった。[39] 一九一三年五月から一年間は世界学生会の会長に選出され、各地の講演会では会長の胡適自らコスモポリタンな国際主義の重要性を説いてまわった。[40] このように、胡適はアメリカ留学を通じてウィルソンに代表される革新主義的なアメリカ政治を密に体験し、自らも講演活動を通じてコスモポリタンな国際主義を体現してみせたのである。

しかしながら、アメリカ留学から帰国した胡適は政治との距離をとり、政治問題を談じないという「不談主義」を採用した。それは、当時の中国において出版界や教育界が静まりかえる様子をみたからであり、思想文芸の解放を通じて豊かな新文化を打ち立てることが政治改革の基盤になると胡適は考えたからである。[41] そこで、胡適は新文化運動の推進を優先させるため、その後二十年は政治問題に深入りしないことを決心したのであった。ただし、胡適による「不談主義」はあくまでも暫定的なものであったことに留意しなければならない。すなわち、二十年も待たずに暫定的な「不談主義」は、以下にある議会状況を目の前にして転換を余儀なくされることになるのである。

一九一九年六月に軍閥政府を批判するビラを撒いていた陳独秀が警察に逮捕された。胡適は新文化運動をともに牽引した友として陳独秀の救出活動を展開することになる。[42]当時の議会状況として、段祺瑞の影響下にある安福倶楽部が圧倒的多数を占めていた。[43]知識人が具体的な政治問題に口を閉ざさないといけない状況を目の前にして、胡適は政治問題を談じないわけにはいられないと考えるに至ったのである。これに加えて、胡適はマルクス主義へと傾倒する知識人と論争関係になっていた。あくまでも暫定的であった「不談主義」を転換するにあたり、マルクス主義との論争関係が重なることで、胡適は「実験主義の信徒」としての自覚をもって自らの政論を展開していく。[44]その端緒となったのが、一九一九年七月から『毎週評論』で展開された李大釗との「問題と主義」論争であった。

(二)「問題と主義」論争

ここでデューイがアメリカへ帰国した日(一九二一年七月十一日)の日記に着目したい。胡適はその日の日記において、デューイを真に理解するためにはその「方法」に留意しなければならないとした。[45]これとは別に記した「杜威先生与中国」(一九二一年七月)において、胡適はデューイが中国滞在中に最も注力したのが教育の革新であったとしつつ、「デューイ先生は共産主義、無政府主義、自由恋愛といった類の特別な問題に関する特別な主張」ではなく、「私たちに哲学の方法を与え、その方法を用いて私たち自身の特別な問題を解決させようとした」と記している。[46]同論文の末段では、「特別な主張」の応用は有限であるのに対して、「方法」の応用は際限がないとまで記している。では、なぜ胡適はこれほどまでに「方法」を強調するに至ったのか。この問いを読みとくうえで重要となるのが胡適と李大釗との間で展開された「問題と主義」論争である。

この「問題と主義」論争は、一九一九年七月に『毎週評論』へ掲載された胡適の論文をきっかけに展開されたものである。[47]主たる論争相手となった李大釗は日本留学経験を背景にマルクス主義を受容した人物であり、『新青年』

第六巻第五号（一九一九年五月）と第六巻第六号（一九一九年十一月）に掲載された「我的馬克思主義観」は中国で初めてマルクス主義理論を体系的に紹介した論説として位置づけられている。[48] この論争において、胡適は個別具体的な問題の研究に時間を費やすべきであり、主義をむやみに談ずるべきではないとした。いわば、共産主義や無政府主義といった「特別な主張」の類のものは主義として主張し始めると、抽象名詞へと様変わりしてしまう。胡適はこの点に主義をむやみに談ずる弱点と危険性があるとして、主義を高々に語ることに対して「目的熱」と「方法盲」に陥ってしまっていると厳しく批判したのである。[49] 胡適にとって新思潮とは批判的態度をもってして「問題の研究」と「学理の輸入」をするためのものであり、文明の再構築にあたっては一足飛びの体制変革を求めるのではなく、個別具体的に一つ一つの問題を解決していくことが重要であると説いた。[50] このようなマルクス主義との論争関係という思想状況によって、胡適は自らのよりどころになるデューイからの影響としてその「方法」に重要性を求め、その結果として「実験主義の信徒」としての自覚をもつに至ったのである。

同じくして、胡適は実験主義の系譜が弁証法と互いに相容れないものであると記すようになった。その背景として、マルクス主義の影響から『新青年』が陣営分化の状態になった点があげられる。『新青年』は陳独秀により創刊され、北京大学教授陣を編集基盤に迎え入れることで次第に発行部数を伸ばしていった。しかしながら、『新青年』執筆陣の思想的背景は元から一様ではなかった。マルクス主義の影響が強まり、陳独秀が一九二〇年年初に上海へ移り、編集基盤が北京を離れると、『新青年』は陣営分化の様相を呈すようになった。そのような状況をふまえて、胡適は、自らに思想的影響を与えた二大人物としてハクスリーとデューイをあげながら、実験主義は「生物進化論が世に出たのちの科学的方法」であるから、「生物進化論成立以前の形而上学」である弁証法は実験主義と根本的に相容れないとしている。[51] 胡適がこのように記したのは、陳独秀が実験主義と弁証法の唯物史観を連合戦線として合作させようとしたからである。すでに『新青年』は陣営分化し、マルクス主義との論争関係もあったことから、胡適は一足飛びを求めるようなものと親和性を持ちえないことを示すため、実験主義と弁証法が互いに相容れないものと論じるようになったのである。

小結

五四時期の教育改革は、留学経験者の活躍やデューイの訪中もあったことから、アメリカからの影響が指摘されている。その当事者の一人として、胡適はいかにして師事したデューイからの影響を自覚するに至ったのか。以上の考察をふまえ、胡適によるデューイ思想の受容と展開について、その特質を以下の二点に見出すことができる。

第一に、胡適がシカゴ大学期以降を射程におきながらデューイをとらえていた点である。従来においても胡適による実験主義の受容は多くの研究で論及されてきた。胡適がデューイに学んだのは一九一五年から一九一七年にかけてのコロンビア大学である。胡適はコロンビア大学へ進学するに先立ち、新ヘーゲル主義の影響下にあったコーネル大学内での実験主義批判をきっかけにデューイとの接点をもった。このことをふまえれば、胡適がデューイをとらえるにあたって、その射程に新ヘーゲル主義の影響下にあったシカゴ以前の観念論的な初期デューイは含まれないことになる。実際に、デューイ訪中直前にあった胡適による一連の講演録をみれば、デューイについての記述はその全てがシカゴ大学期以降のものであり、『民主主義と教育』がデューイの教育哲学を代表する著作として位置づけられている。さらに、胡適はダーウィニズムとの関連に実験主義の優位性を見出し、実験主義はダーウィンからの系譜における科学的方法であると主張した。総じて、胡適にとってデューイの思想的展開とは主としてシカゴ大学期以降のものである。そうした射程を基盤としながら、同じくコロンビア大学で学んだ陶行知が生活教育[52]、陳鶴琴が幼児教育[53]へと自らの教育実践を独自に展開したのに対して、胡適は制度設計の面から五四時期の教育改革に深くかかわっていったのである。

第二に、胡適が「実験主義の信徒」としての自覚をもつに至った背景として、「不談主義」の転換やマルクス主義との論争関係が関連している点である。アメリカ留学から帰国した胡適は政治問題に対して「不談主義」を心に決めていた。それは思想文芸の解放を優先的に取り組むことが政治改革の基盤になりうると考えたからである。しかしながら、知識人たちが具体的な政治問題に口を閉ざさなければならない状況を目の前にして、胡適は暫定的な「不談主義」を転換させることになる。ここに中国思想界におけるマルクス主義の影響の強まりが重なることで、胡適は「実験主義の信徒」としての方法論的自覚をもつようになった。その端緒として位置づけられるのが李大釗との「問題と主義」論争である。この論争において、胡適は主義をむやみに談ずるのではなく、個別具体的な問題の研究に時間を費やすべきと主張し、主義は「目的熱」と「方法盲」に陥っていると厳しく批判した。五四時期に自身がおかれた思想状況のなかで、胡適はデューイからの思想的影響としてその「方法」に重要性を求め、その結果として「実験主義の信徒」としての自覚をもつに至った。言いかえれば、政治問題と距離をとっていた胡適が教育改革の制度設計に尽力したのは「不談主義」の転換によるところが大きく、アメリカからの影響が指摘されるのは胡適がマルクス主義との論争関係を背景に「実験主義の信徒」としての自覚をもつに至ったからであるといえる。

第二章と第三章では胡適自身の思想形成を対象としてきた。文学革命の発火点として論壇に登場してきた胡適は次第に国語教育にも自らの議論を展開させていく。次章からは「国語科」創成の政策過程をたどりながら、胡適の模索についてみていく。

【注】

（1）晩年にまとめられた『胡適口述自伝』では、全十二章のうち第三章から第七章までをアメリカ留学時代に割いている。四十歳を契機にまとめられた『四十自述』（一九三三年九月）では、幼少期からアメリカ留学の試験を受けるまでのことを振り返っている。『四十自述』の一章として準備されていた「逼上梁山」（一九三三年十二月）では、副題の「文学革命的開始」から明らかなように、留学期に学友と文学革命について討論するようになったきっかけと「文学改良芻議」に至るまでの過程を記している。こうした自伝はあくまでも胡適の回想であるけれども、『留学日記』と照らし合わせながら用いれば、胡適のアメリカ留学期に関する具体相をみるために参照する必要がある史料といえる。

（2）「自序」（『胡適全集』第二十七巻、所収）一〇四頁。

（3）例えば、野村浩一『近代中国の思想世界』（岩波書店、一九九〇年）、山口榮『胡適思想の研究』（言叢社、二〇〇〇年）、劉紀曜「胡適的実験主義與歴史理念」（『臺灣師大歴史學報』第四十一期、二〇〇九年、所収）、欧陽哲生『自由主義之累―胡適思想之現代闡釈』（江西教育出版社、二〇〇三年）、単中恵『現代教育的探索―杜威与実用主義教育思想』（人民教育出版社、二〇〇二年）、Sor-Hoon Tan,（2004）'China's pragmatist experiment in democracy: Hu Shih's pragmatism and Dewey's influence in China'. *Metaphilosophy*, 35（1）, pp. 44-64' Zhao Kang,（2019）'Why Did Hu Shi Introduce Deweyan Pragmatism to China as Only a Method?'. *Beijing International Review of Education*, 1（4）, pp. 658-672。

（4）小林文男「近代の覚醒と「五四」―胡適とそのプラグマティズムの役割をめぐって―」（東亜文化研究所紀要編集委員会編『中国近代化の史的展望』財団法人霞山会、一九八二年、所収）一一八―一一九頁。陶行知とデューイの関係性については、川尻文彦「陶行知とデューイの訪中―民国初期中国教育史の一側面」（森時彦編『二十世紀中国の社会システム』京都大学人文科学研究所、二〇〇九年、所収）。

（5）前掲書余英時『中国近代思想史上的胡適』四十七―四十八頁。

（6）受容史の視点について、橋本美保「新教育の受容史とは」（橋本美保編著『大正新教育の受容史』東信堂、二〇一八年、所収）の研究から大きな示唆を得た。橋本美保は、受容史における四つの視角「（一）受容される教育情報が、どのような背景で、どのように生成したものであるか［教育情報の生成］」、「（二）受容する側が、どのような方針と体制で、教育情報の受容を図ったか［情報受容の主体］」、「（三）教育情報はどのように研究され、試行的実践がなされたか［教育情報の研究・試行］」、「（四）地方の教育現場では、伝えられた教育情報にどのような反応が示されたか［現場の反応］」を示しながら、「情報受容のプロセスを解明することは、情報の受容や捨象の実態をも明らかにすることになるだろう」としている（十頁）。本書に即していえば、五四時期の思想状況をふまえることで、アメリカ留学経験にとどまることのない胡適による受容と展開のプロセスをみることができる。

（7）阿部洋『「対支文化事業」の研究―戦前期日中教育文化交流の展開と挫折』（汲古書院、二〇〇四年）。同様な指摘として、元青『杜威与中国』（人民出版社、二〇〇一年）。

（8）長谷川豊「胡適とデューイ―五四運動期中国におけるデューイ思想の受容―」（『日本デューイ学会紀要』第三十四号、一九九三年、所収）。

（9）欧陽哲生「胡適与中美文化交流」（『新文化的伝統―五四人物与思想研究』広東人民出版社、二〇〇四年、所収）三四七頁。

（10）平野健一郎『国際文化論』（東京大学出版会、二〇〇〇年）六十五―七十六頁。

（11）図1は『新教育』第一巻第三期（一九一九年五月）による。同号はコロンビア大学出身の蔣夢麟のもとで「デューイ特集号」が組まれた。

（12）齋藤希史『漢字世界の地平　私たちにとって文字とは何か』（新潮社、二〇一四年）一六二頁。

（13）趙文静『翻訳的文化操控―胡適的改写与新文化的建構』（復旦大学出版社、二〇〇六年）。

（14）例えば、日暮トモ子「近代教育（学）が持つ文化支配への対応―中国の教育近代化におけるデューイ解釈を手がかりに―」（『近代教育フォーラム』第二十三号、二〇一四年、所収）、顧紅亮『実用主義的誤読―杜威哲学対中国現代哲学的影響』（広西師範大学出版社、二〇一五年）、張汝倫「胡適与杜威―一個比較思想史的研究」（『現代中国思想研究』上海人民出版社、二〇一四年、所収）。章清は、仮に「誤読」や「誤訳」があったとしても、かえって「思想家の間の思想が完全に一致している例を挙げるのは難しい」としている。章清、森川裕貫（訳）「胡適とデューイ―その師弟関係から見える中国近代思想の一齣」（趙景達、原田敬一、村田雄二郎、安田常雄編『講座東アジアの知識人三　「社会」の発見と変容』有志舎、二〇一三年、所収）三四四頁。翻訳理論における「等価」の原理的考察については、河原清志『翻訳等価再考　翻訳の言語・社会・思想』（晃洋書房、二〇一七年）。

（15）佐藤豊「梁啓超の功利主義思想と明治思想」（小林武、佐藤豊『清末功利思想と日本』研文出版、二〇一一年、所収）一六八―一六九頁。

（16）前掲書余英時『中国近代思想史上的胡適』、四十八頁。

（17）石井剛『戴震と中国近代哲学　漢学から哲学へ』（知泉書館、二〇一四年）。

（18）コーネル大学期における履修科目と成績について、その史料考証は、席雲舒「康奈尔大学胡適的成績単与課業論文手稿」（『関東學刊』第十三期、二〇一七年、所収）。

（19）『胡適口述自伝』（『胡適全集』第十八巻、所収）二四七―二四八頁。
（20）グリーンの思想体系については、行安茂、藤原保信編『T・H・グリーン研究』（御茶の水書房、一九八二年）。
（21）藤井省三「胡適とニューヨーク・ダダの恋―中国人のアメリカ留学体験と中国近代化論の形成」（『魯迅と世界文学』東方書店、二〇二〇年、所収）、周質平『胡適與韋蓮司　深情五十年（二版）』（聯經出版、二〇二〇年）。
（22）胡適はこのエピソードを一九二七年一月十四日にウィリアムズへあてた書信で記しており、これを英語で吐露するのは初めてであるとしている。「To E. C. Williams」（『胡適全集』第四十巻、所収）二四六―二四九頁。
（23）「吾之訳業」（『胡適全集』第二十八巻、所収）一四八頁。
（24）「To E. C. Williams」（『胡適全集』第四十巻、所収）一一七頁。
（25）前注（2）。
（26）前注（19）。
（27）田浦武雄『デューイとその時代』（玉川大学出版部、一九八四年）四十頁。
（28）「敦請杜威来華講学―致胡適（三月十二日）」（陶行知『陶行知全集』第八巻、四川教育出版社、二〇〇五年、所収）一七八―一七九頁。
（29）一連の講演録は一九一九年七月に改稿および集約され、後に講演「実験主義」として『胡適文存』（『胡適全集』第一巻）へ収められた。「実験主義」の全体構成は、「一：序論（引論）」、「二：パース―実験主義の発起人（皮耳士―実験主義的発起人）」、「三：ジェームズの心理学（詹姆士的心理学）」、「四：ジェームズの実験主義（詹姆士論実験主義）」、「五：デューイ哲学の根本観念（杜威哲学的根本観念）」、「六：デューイの思考論（杜威論思想）」、「七：デューイの教育哲学（杜威的教育哲学）」、「結論」である。初出との対応関係は、「一」から「四」までが『新青年』第六巻第四号、「五」と「七」から「結論」までが『新教育』第一巻第三期、「六」が『新中国』第一巻第三号である。
（30）Bruce Kuklick, *A History of Philosophy in America 1720-2000*（Oxford: Clarendon Press, 2001）.
（31）「実験主義」（『胡適全集』第一巻、所収）二七八頁。
（32）John Dewey, *The influence of Darwin on philosophy and other essays in contemporary thought*（New York: H. Holt, 1910）. デューイと進化観念、科学的方法との関係については、Henry M. Cowles, *The Scientific Method: An Evolution of Thinking from Darwin to Dewey*（Cambridge: Harvard University Press, 2020）。
（33）「歴史的態度（The Genetic Method）」は、「実験主義」（『胡適全集』第一巻、所収）二八二頁の原文によるものである。

（34）胡適の「杜威哲学的根本観念」で列挙されているのは、*The School and Society*（1899）、*Studies in Logical Theory*（1903）、*Ethics*（1909）、*Influence of Darwin on Philosophy*（1910）、*How We Think*（1910）、*Essays in Experimental Logic*（1916）、*Democracy and Education*（1916）、*Creative Intelligence*（1917）である。

（35）胡適の原文が「五歩」とあることから、ここでは「五段階」と訳出している。ここで胡適が「歩」と表記しているのは、『思考の方法』初版では steps となっていたことと関連している。ただし、デューイは一九三三年の改訂版において「五つの側面（phases）あるいは局面（aspects）」は固定的な「段階」ととらえることができないとしている。詳しくは、藤井千春『ジョン・デューイの経験主義哲学における思考論―知性的な思考の構造的解明―』（早稲田大学出版部、二〇一〇年）第四章。

（36）北京大学図書館、中央研究院近代史研究所胡適紀念館編纂『胡適蔵書目録』（第三巻、広西師範大学出版社、二〇一三年）二二四四頁によれば、胡適はデューイの『民主主義と教育』初版（一九一六年）を蔵書として所持しており、そこには Suh Hu, June 1916と署名がなされていたという。この蔵書目録はアメリカ留学時に胡適が『民主主義と教育』に接していたことの傍証ともなりえる。

（37）「十月卅日（星三）」（『胡適全集』第二十七巻、所収）二一四―二一五頁。

（38）「十一月五日（星二）」、「十一月六日（星三）」（『胡適全集』第二十七巻、所収）二一九―二二〇頁。

（39）「十一月十六日（星六）」、「十二月廿一日（星六）」（『胡適全集』第二十七巻、所収）二二五、二三三頁。政治研究会の第一回の議題は「アメリカ議会」、第二回の議題は「租税」だったと記されている。

（40）「卸去世界学生会会長職務」（『胡適全集』第二十七巻、所収）三一四頁。

（41）「我的岐路」（『胡適全集』第二巻、所収）四六七頁。

（42）ただし、この時点でもマルクス主義に傾倒していた陳独秀との間には思想的な乖離が存在していた。横山宏章「協調と論争の友情―陳独秀と胡適―」（『陳独秀の時代―「個性の解放」をめざして』慶應義塾大学出版会、二〇〇九年、所収）。

（43）安福倶楽部が圧倒的議席数を獲得したのは一九一八年五月から六月にかけての国会議員選挙のことである。この「新国会」について、金子肇は、「『議会専制』の危険性がもっとも現実味を持った」と評している。金子肇『近代中国の国会と憲政―議会専制の系譜―』（有志舎、二〇一九年）八十四頁。

（44）前注（41）。

（45）「十、七、十一（M.）」（『胡適全集』第二十九巻、所収）三五五頁。

（46）「杜威先生与中国」（『胡適全集』第一巻、所収）三六一頁。

（47）「多研究些問題、少談些主義」（『胡適全集』第一巻、所収）三二四―三二八頁。
（48）石川禎浩「李大釗のマルクス主義受容」（『思想』第八〇三号、一九九一年、所収）、武藤秀太郎『大正デモクラットの精神史　東アジアにおける「知識人」の誕生』（慶應義塾大学出版会、二〇二〇年）、森正夫『李大釗』（人物往来社、一九六七年）。
（49）「三論問題与主義」（『胡適全集』第一巻、所収）三五一頁。
（50）「新思潮的意義」（『胡適全集』第一巻、所収）六九九頁。
（51）「介紹我自己的思想」（『胡適全集』第四巻、所収）六五八―六五九頁。
（52）斎藤秋男『陶行知生活教育理論の形成』（明治図書、一九八三年）、牧野篤『中国近代教育の思想的展開と特質―陶行知「生活教育」思想の研究―』（学術出版会、一九九三年）。
（53）一見真理子「一九二〇年代中国における児童中心主義の教育―陳鶴琴の幼児教育実践を中心に」（『日本の教育史学』第二十六集、一九八三年、所収）。

第四章　国語統一運動と文学革命

近代的な「国語」意識が明治日本から連鎖したことにより、清末には国語統一運動が形成された。一連の運動によって国語統一の議案は資政院までのぼったものの、清朝の崩壊によって実現することはなかった。ただし、そのまま頓挫することなく、民国期に入ると、改めて国語統一が教育行政上の取り組むべき課題として浮上してくる。このように清末から民国期に至って連続性をもって取り組まれることになるが、袁世凱政権によって一時的な停滞をみる。一方で、『新青年』を拠点に展開された文学革命では難解で内容をともなわない文語に取ってかわり、口語を新文学の書き言葉として再評価することが目ざされた。このように文学革命は清末からある国語統一運動とは運動体として別の系譜にあったが、胡適が文学革命で再評価していた「白話」を「国語」と読みかえたことで、国語統一運動と文学革命が一つに合流することになる。そのきっかけとなったのが胡適の「建設的文学革命論」にある「国語的文学・文学的国語」であり、国語統一は論壇において大きな関心事となっていく。

そこで、本章では、まず第一節において、民国期に入って教育部に読音統一会が設けられ、注音字母の策定や「国語科」創成への見通しが出されたことを示す。第二節では、陳独秀がとった国語統一のアプローチと比較しながら、胡適の「建設的文学革命論」で新たに提示された「国語的文学・文学的国語」の意義を考察する。そのうえで、第三節では、「建設的文学革命論」後の胡適による国語教育論に着目し、そこで胡適は低学年から国語教育を順次実施し、学年段階が進んでから「古文」の学習に入るべきであると主張していたことを示す。最終的に、第四節では、国語統一籌備会と全国教育会連合会を取りあげ、「国語科」創成へと至る政策過程とその過程で胡適が果たした役割について論じる。

第一節　読音統一会での議決――教育行政上の課題として――

清末において王照が『官話合声字母』を著し、国語統一運動の基礎が築かれた。同時期に、王照の蓄積をふまえながら、労乃宣は日本の仮名を参考に「簡字」を構想した。その普及に向けて、労乃宣は「簡字」を西太后へ上奏し、北京に簡字研究会を設置した[1]。一九一〇年には自らが議員となった資政院で国語統一の議案を取りあげ、それを活かして一九一一年には張謇を会長とする中央教育会議で「統一国語辨法案」が議決されようとしていた。このように議案そのものは資政院までのぼったものの、辛亥革命によって清朝が崩壊し、政策的な実現として結実することはなかった。ただし、民国期に入っても流れがとまることはなく、国語統一が教育部の附属機関で教育行政上の課題として取り組まれることになる。

ここで頓挫することなく、継続して取り組まれたのは清末から民国期にかけて教育行政上の連続性が存在したためである。清末には一九〇五年の科挙廃止にともなって学部が中央の教育行政機関として設置された。この学部のもとで新式教育が展開され、明治日本を参考にしながら新式教育の振興がはかられた。清朝の崩壊によって学部は一つの区切りをむかえるが、民国期に入ってすぐさま教育部が中央の教育行政機関として動き始める。教育部の構成をみれば、総長に蔡元培が就いたものの、それを支える官僚レベルでは清末以来の新式教育の展開と教育振興の経験をもつ旧学部の官僚も多く残っていた。(2) ここに清末から民国期にかけての連続性をみることができ、政策的実現まで至らなかった国語統一が教育行政上の課題として再浮上してくるのである。蔡元培は臨時教育会議開会式（一九一二年七月十日）の席上で以下のように述べている。(3)

教育部が準備をしている議案は、凡そ四十種あまりある。それらは、大きく五つに分類することができる。第一に学校系統、第二に各学校令および規程、第三に教育行政関係、第四に学校における詳細な規則、第五に社会教育関連のものである。

そのなかでも、一大問題は国語統一に向けた方法である。現在、ある方が初等小学校では「国語」を教えるべきであり、「国文」を教えるべきではないと提議している。ただし、「国語」を教えるためには、まず「国語」を統一しなければならない。しかしながら、中国の話し言葉は各所で異なり、もし一地方の話し言葉に限定してそれを標準とするならば、必ずや各地方の反対にあうため、故に公平な方法で国語統一をしなければならないのである。

蔡元培は「国語」を教えるためにまずは国語統一が必要であるとして、数多くある議案のなかで国語統一を最重要案件としている。この臨時教育会議の読音統一会章程をもとに、教育部の附属機関として読音統一会が一九一二年十二月に設置された。(4) 読音統一会の開会にあたっては、清末の国語統一運動を牽引した王照が副議長に選出された。議長は呉稚暉が務めた。読音統一会章程によれば、会期は当初二か月から三か月とされ、会の職務は第一に一切の字音を法定国音にすること、第二に音素の総数査定、第三に音素ごとの字母の確定があげられた。注音字母の策定が目ざされたが、会員の出身地が多様なことから議論が紛糾してしまう。最終的には、章炳麟の学説をもとに議決されることになった。章炳麟自身は読音統一会の会員ではなく、章炳麟に学んだ朱希祖、馬裕藻らが読音統一会に名を連ねていた[5]。遠くアメリカの地で胡適も章炳麟の著作に接していたことを考えると、民国期に入っても章炳麟の学説が大きな影響力を有していたことを示している。読音統一会も終盤となり、その総括として一九一三年五月十三日に国音推行方法七か条が議決された。そのなかには、教育部への要請として、「公定した字母を速やかに公布すること」、「初等小学では『国文科』を『国語科』に改めること」が明記された。

こうして読音統一会から出された政策的な見通しは、袁世凱政権の封建復古的な教育行政により一時的な停滞を余儀なくされる[6]。ただし、ここで留意しなければならないのは、袁世凱政権期をどのようにみつめるのかという点である。例えば、宮原佳昭は、袁世凱政権期では、近代教育原理を背景に発達段階への配慮や経書の学習順序が議論されたことから、袁世凱政権での「復古」とは単に「清末への回帰」を意味しないとしている[7]。この点をふまえれば、袁世凱政権では近代的な教育原理を背景とした古典教育の議論が前面に出たことにより、その相克において国語統一の議論が一時的な停滞をみることになったとするべきである。こののち、アメリカ留学中の胡適が『新青年』第二巻第五号に「文学改良芻議」を寄稿し、文学革命の発火点たる存在となった。帰国後に胡適は蔡元培の招きにより北京大学へ着任したことから、これ以後、北京大学を編集基盤としながら『新青年』を拠点に文学革命が展開されていくことになる。

第二節　「建設的文学革命論」の思想史的意義

胡適は北京大学へ赴任したことで自らも『新青年』の編集基盤の一端を担うことになる。第二章、第三章でも論じたように、胡適と陳独秀は同一論壇上の盟友関係にあったけれども、思想的な乖離から両者が異なるアプローチをとっていたことに留意しなければならない。

まず、文学革命について、陳独秀は胡適の「文学改良芻議」に続いて「文学革命論」を発表した。「白話」を文学の書き言葉として再評価するにあたって、陳独秀は反対する者に議論の余地を与えてはいけないとした。これに対して、胡適は歴史的な進化の観点で「一時代には一時代の文学」があるとして、陳独秀のような頑な態度をとらなかった。

次いで、国語統一について、陳独秀は、『新青年』第三巻第二号（一九一七年四月）の通信欄において、国語統一に必要な三要件として「①統一された国語の確立、②国語文典の作成、③国語を用いた著述活動」をあげ、これらを順に果たさなければならないとした。[8] まず統一的な「国語」を確立させるべきであるというアプローチは先にあげた蔡元培とも合致するものであった。これに対して、胡適は『新青年』第四巻第四号（一九一八年四月）に「建設的文学革命論」を寄稿し、陳独秀とは異なる国語統一の方策を提示した。[9] すなわち、「国語」とは特定の言語学者や国語字典によって定められるものではなく、「国語」を用いて文学を創作し、それらが教科書や新聞雑誌により広く普及することで、次第に「標準国語」を確立することができると胡適は説いたのである。「建設的文学革命論」の冒頭では以下のように記されている。

私の「文学改良芻議」が発表されて、一年以上になった。ここ十か月あまりの間、この問題は価値ある多くの討論を引き起こし、また人々を楽観させるような反響も得た。私の考えでは、我々文学革命を提唱する人々は、固より破壊という面から出発せざるをえなかった。しかし、我々が詳細に見てみると、現在の旧派文学は実際に一駁にも値しないものである。…［中略］…それらが今もなお国内に存在するのは、現在、価値があり、生気があり、真の文学とみなせる新文学が、それらに取って代わることができていないからである。この「真文学」と「活文学」があれば、「假文学」と「死文学」は自然に消滅するに違いない。故に我々文学革命を提唱する者は、そうした陳腐な文学に対してひとつ残らず「取って代わってやる」のだという心意気を持つべきであり、皆が建設面から努力をして、今後の三十年から五十年で中国における新しい活きた文学を創りだすことが私の望みである。

この冒頭からは胡適が「文学改良芻議」以降の推移をどのようにとらえていたのかみてとれる。胡適は陳腐な旧文学に「取って代わってやる」という心意気をもって、建設の面から新しい活きた文学を創りだしていきたいとしている。「取って代わってやる（彼可取而代也）」は『史記』の項羽本紀にある文言からの引用であり、新文学建設への胡適の強い意志をみてとることができる。ここで、胡適は従来の文学革命に向けた八か条を継承しつつ、新文学建設へ向けた具体的なスローガンとして「国語的文学・文学的国語」を打ち出した。胡適は新たに提示した「国語的文学・文学的国語」について以下のように述べている。

我々が提唱する文学革命は、ただ中国のために一種の「国語的文学」を創りだすことにある。「国語的文学」があって、はじめて「文学的国語」となりうるのである。そして、「文学的国語」があってこそ、我々の国語は真の「国語」になりうるのである。国語に文学がなければ、国語は生命がなく、価値のないものになるため、そうすると国語自身が成立せず、発展することはできないのである。

胡適は「国語を用いた文学」の創作に文学革命の目的があるとして、「文学的価値を有する国語」があってこそ真の「国語」たりうるとした。その狙いと意義について、胡適は「我々が提示した『国語的文学・文学的国語』の作戦スローガン」によって、「当時、半分死んで活力を失っていた国語運動を救済し」、「『白話文学』を『国語文学』としたことで、一般人のなかで『俗語』、『俚語』を厭い軽視する見方が減少した」と後に振り返っている。[10]「白話」では民衆の「俗語」、「俚語」であるという意識が強くなってしまう。そうした見方を減らすために、学校教育を通じて国民に広く共有される「国語」とする必要があった。すなわち、胡適は「白話」を「国語」と読みかえ、新たなスローガン「国語的文学・文学的国語」を仕立てあげたことで、口語文学を媒介とした国語統一を唱えたのである。こうして「俗語」を「国語」に仕立てあげることは、安田敏朗が論じるように、近代的な国家建設を試みるなかで言語が果たす役割が自覚され始めた表れでもあり、これまで蓄積してきた普遍的な知の体系も「国語」で担おうとする言語観から、学校教育を含め言語そのものが人為的な政策の対象になってくるのである。(11)「建設的文学革命論」で胡適が新たに提示した国語統一の方策は学界でも広く受け入れられた。口語文学を媒介とした国語統一を説いたため、後に黎錦熙が「双潮合一」と評したように、文学革命が国語統一運動と一つに合流を果たすことになった。(12)

この当時、『新青年』は北京大学教授陣を編集の中核に迎え入れることで全国誌へと成長し、同時期に北京大学学生であった傅斯年らが『新潮』を創刊したことから、国語統一は学生論壇をも巻き込んだ大きな関心事となった。(13)一九一六年に北京で結成された国語研究会(14)は民間を基盤としたものであったが、一九一八年は一、五〇〇人、一九一九年は九、八〇〇人、一九二〇年には一二、〇〇〇人へと会員を急増させていった。また、代表的な教育雑誌『中華教育界』第十一号第二期（一九二一年八月）では、表6のように「国語研究号」の特集が組まれ、この特集も論壇における関心の高さを指し示している。(15)これらのきっかけとして、胡適の「建設的文学革命論」による国語統一運動と文学革命の合流をあげることができ、『狂人日記』や『阿Q正伝』に代表される魯迅が文学創作の担い手として論壇へと登場してくることになる。(16)

国語統一については、民国成立当初に読音統一会による提言がなされたけれども、袁世凱政権期での一時的な停滞もあり、具体的な政策決定までには至っていなかった。そうした状況のなかで、胡適は「文学改良芻議」で文学革命に向けた八か条を個別具体的な形で示し、「建設的文学革命論」では口語文学を媒介とした国語統一を説いた。

表6 「国語研究号」目録

『中華教育界』第11号第2期（1921年8月）	
国語教育新趨勢的動機	黎傚非
国語国音和京語京音	陸費逵
国語的読法教学法	黎錦熙
語法中同動詞有字的研究	沈頤
注音字母発音実際的研究	秦鳳翔
国語教科書的革新計画	黎錦熙
文学的国語教材之分類与支配	黎錦熙
国音練習法的我見	厳公上
濁声字的読法	厳公上
国音伝習法	陸衣言
漢字之新系統序列	楊樹達
高小学生初学做白話文的困難及救済的方法	杜天錫
非官話区域的国民学校国語話法的教学法	馬国英
我対於推行国音的意見	潘詳
推行国語方法管見	楽嗣炳
国語問答一	陸衣言
南通語音字母説明書	易作霖
寧波方音和国音比較的劄記一	寒濤
参観上海国語専修学校的筆記	范宗程

出典：『中華教育界』をもとに筆者作成

総じて、胡適が論壇へと登場してきた思想史的意義は、文学革命の口火を切る存在となり、帰国後には国語統一に向けた議論の停滞を克服するため、新たに「国語的文学・文学的国語」を付け加えることで、国語統一運動と文学革命の合流を果たしたことにあるといえる。

第三節　胡適の国語教育論

胡適の「建設的文学革命論」によって国語統一運動と文学革命は一つに合流した。論壇における関心の高まりにともなって、胡適は国語教育にも議論を展開させていく。「建設的文学革命論」の次号である『新青年』第四巻第五号（一九一八年五月）に掲載された通信欄において、胡適は盛兆熊への返答として以下のように記している。[17]

お手紙を頂いた文学革命を実行する順序について、力強く進めていく必要があると思っています。先生が考えている実行の順序というのは、高等教育に端を発するものです。実際上、このお話は理にかなっているけれども、多くの困難を有しています。第一に、我々は大学入学の国文試験を「白話」にするほどの大きな権力を有していません。第二として、仮にそのような権力を有していたとしても、一個人の専制的な手段で文学改良をするべきではない。第三に、学生はすでに国文を学んでいて、単なる大学の入学試験に備えるためのものになりかねません。…［中略］…私が考えている文学革命の順序とは、力の限り白話文学を提唱することにあります。まずは、価値のある国語文学をつくりだし、新文学を信仰する国民心理を養成することで、改革の普及を望めるのです。学校教育の面から考えてみるならば、低学年から行なっていくことが適しているようです。具体的な実行の方法として、一律に「国語」を用いて小中学の教科書を編纂する必要があると考えています。現在でいう「国文」を「古文」と位置づけ、高等小学三年生から教え始めるべきです。そうすれば「古文」の位置は「第一外国語」と同等になります。

盛兆熊が通信欄に寄せた投書には、大学から改革に着手すれば、大学入試には一律に「白話」が必要になり、そうすれば自ずと中学でも「白話」が重視されるようになるのではないかと記されていた。[18] これに対して、胡適は「新文学を信仰する国民心理を養成すること」が肝要であり、そのために学校教育では低学年から順次着手し、「国語」を用いた教科書を編纂していく必要があると説いた。

ここで胡適がいう「国語」とは具体的に何を指しているのか。第二章でみたように、胡適はヨーロッパのルネサンスを念頭に、文学創作を通じて「地域的方言」から「国語」が創成されてきたとしている。いわば、比較的行きわたっている方言があり、多くの「活きた文学」が生み出されることで、その方言を中核的構成要素として次第に「国語」が創成されてくる。[19]「国語的文学」があってこそ、「国語」の文法や発音が学者によって研究され始め、字典などができあがり、そこで初めて「国語」の標準が成立すると胡適は主張したのである。[20] そのうえで、中国における「国語」を考えた場合、その中核的構成要素となるのは東三省から四川、雲南、貴州まで、長城から長江流域まで最も流通している「大同小異の共通語」であり、この「大同小異の共通語」がここ七〇〇年から八〇〇年で価値ある文学を生み出し、『水滸伝』、『西遊記』から『老残遊記』に至るまで通俗文学の利器となってきたと記している。[21] 先述した段階に準じていけば、こうした「大同小異の共通語」を「国語」の中核的構成要素として推し広め、全国の学校教科書、新聞、雑誌で用いられ、併せて文学創作がなされることで、次第に「国語」が創成されていくと考えたのである。これらの議論をふまえながら、胡適は自らの国語教育論を展開させていく。以下では、(一)「中学国文的教授」、(二)「再論中学的国文教学」をもとに、胡適が口語文を基調とする「国語文」の内容配置をどのようにするべきであると主張したのかについて論じる。

表7　中学校国語教育の日中比較

日本	中華民国
国語及漢文ハ普通ノ言語文章ヲ了解シ正確且自由ニ思想ヲ表彰スルノ能ヲ得シメ文学上ノ趣味ヲ養ヒ兼テ智徳ノ啓発ニ資スルヲ以テ要旨トス。	国文要旨在通解普通語言文字、能自由発表思想、並使略解高深文字、涵養文学之興趣、兼以啓発智徳。

出典：『胡適全集』および『国語教育史資料』をもとに筆者作成

（一）「中学国文的教授」

この胡適による「中学国文的教授」は『新青年』第八巻第一号（一九二〇年九月）に掲載されたものである。[22] その冒頭で、胡適は中学での教授経験がなく、熟達した専門的な実践家ではないと自身を門外漢と称しつつも、門外漢であるからこそこれまでの慣習にとらわれずに自由で新鮮な意見を出すことができると記している。そのうえで、胡適は民国元年に制定された条文を引用している[23]（表7）。

表7の比較から明らかなように、民国元年の条文は明治日本の中学校令施行規則を参考にしたものである。この条文について、胡適は理想的なものであり、着実な普及がみられなかったものの、大きな誤りではなかったと評価している。[24] ただし、実際には限られた文人が用いるようなことばで教授され、条文にある「普通語言文字」と乖離があり、理想的な教科標準との整合性を欠いた状態にあると指摘している。[25] これを克服するため、胡適は下記のような形で中学国文の標準を提案している。[26]

（一）「国語（白話）」を用いて自由に思想を発表し、文法上の誤りなく流暢に作文、演説、談話をすることができる。
（二）『二十四史』や『資治通鑑』といった類の平易な「古文」の書籍を読むことができる。
（三）文法にそった「古文」の文章をつくることができる。
（四）「古文」の文学を理解できるような機会とする。

胡適は中学国文の標準として四点を掲げ、ここの「古文」とは民国元年の条文にある

表8　中学国文のカリキュラム構造（学年）

学年	内容（時間数）	合計
1	国語文（1）、古文（3）、語法と作文（1）	5
2	国語文（1）、古文（3）、文法と作文（1）	5
3	演説（1）、古文（3）、文法と作文（1）	5
4	弁論（1）、古文（3）、文法と作文（1）	5

出典：『胡適全集』をもとに筆者作成

「高深文字（高遠な文字）」を指しているという。こうした標準のもとで、中学国文のカリキュラムをどのような構成にすればよいか。学年段階にそった暫定的なものとして胡適は表8のように整理している。

ここで、胡適は中学一年、二年に「国語文」、三年には「演説」、四年には「弁論」を配置すべきとしている。[27] その理由について、小学の七年間で「国語文」が十分に用いられるようになり、「演説」、「弁論」が「国語文」の実践、応用にあたるからと記している。[28] この時点での学制では修業年限について小学が七年、中学が四年と規定されていた。次いで、胡適は「国語文」、「演説」、「弁論」、「古文」、「文法」と「作文」の順に教材と教授法について検討している。

まず「国語文」について、教材は白話小説、白話で書かれた演劇、長編の議論文、学術的文章があげられている。具体的に、白話小説としては、『水滸伝』、『紅楼夢』、『西遊記』、『儒林外史』、『老残遊記』などが想定されている。[29] 小説は教員による講釈ではなく、生徒自らが読解し、授業内では討論を行ない、演劇を題材とした場合は実際に作品内の人物を演じてみるとした。[30] 長編の議論文、学術的文章は小学七年間の蓄積があるからこそ、中学では長編の文章のみを教材にするとしている。[31] その教材としては、戴季陶、胡漢民、章炳麟の文章が例示されている。[32] このような長編の文章の場合は、生徒自身の予習をふまえ、授業内では本文を段落に分けて、論理構造をつかみながら討論を進めていくとした。[33]

続いて、「演説」、「弁論」について、「国語文」の実用的な教授法であり、生徒に体系的で筋の通った思考力を養わせることができると胡適は記している。[34]テーマの設定にあたって、「演説」では「宗教」や「愛国」といった抽象的で漠然とした題目ではなく具体的な課題に取り組み、「弁論」では立場を選択するような論争的課題を取りあげるべきとしている。[35]「弁論」では二段階に分けて、第一に「立論」としてどのように主張を組み立てるか考え、第二に「駁論」として反対派がどのような理由を出してくるか見積もりながら反駁の材料を準備し、その際は、メモをとるようにして、批評すべき論点を記録しながら進めていく。[36]こうしたプロセスを経ることで、敏捷で精細な思考力を養い、知識上の相互関係を見通すことができるとした。[37]

「古文」について、まず中学一年では時代の近い梁啓超、康有為、厳復、章士釗、章炳麟の散文や林紓が初期に訳した小説を教材として例示している。[38]さらに、李大釗、李剣農、高一涵らを含む章士釗一派の「古文」は精緻な文法で論理構造も優れているので、中学で用いるべき模範となる「古文」であると評している。[39]中学一年に続いて中学二年、三年、四年では、『老子』、『論語』、『礼記』、『春秋左氏伝』から姚鼐、曽国藩に至るまで、各時代における文体上の重要な変遷をたどることができる文章をすえ、古人の「古文」を多読すべきとした。[40]胡適は、これらの文章が生徒にとって切実性のある中国文学史にもなりうるとし、さらに自修用の古文書として中学卒業程度では『資治通鑑』、『二十四史』といった歴史書、『孟子』、『墨子』、『荀子』、『韓非子』などの子部、その他にも文学では『詩経』が不可欠であると論じた。[41]これら「古文」の教材と教授法について、ここにある範囲と分量が従来の十倍以上であるとの反論が考えられるとしながら、この想定される反論に対して、胡適は、現在の学制では生徒の知識と能力を極端に低く見積もり、系統なく「古文」をあつかっているため、生徒も関心がなく学習成果を出すことができなかったと課題を指摘している。[42]そこで、実地での実験を重ね、小学からの蓄積をふまえた新たなカリキュラムを編成し、その際にここでの議論が土台となるため、自らが論じた中学「古文」のカリキュラム内容は決して夢想のものではないと主張した。[43]

最後に、「文法」と「作文」について、「文法」の理解がないまま「作文」が教えられていたとして、これ以後の中学国文の教員は文法学に通じておくべきであるとした。そして、「文法」は、中学一年では国語文法を講じ、小学からの国語教育を総括することで、後に学習する古文文法の参考材料とするとした[44]。中学二年、三年、四年では古文文法を講じ、教員は『馬氏文通』を参考に文法の研究を重ね、国語文法との比較によって教授すべきとした[45]。そのうえで、「作文」については、「国語文」から「古文」へ、「古文」から「国語文」への翻訳が文法の応用練習になるとしている[46]。概して「作文」は「文法」に基づくべきであり、テーマ型の「作文」では生徒自らテーマを設定し、関心をもって情報を収集し、すでにある経験や知識を運用できるようにするべきであるとした[47]。

この「中学国文的教授」で論じた内容について、胡適は一個人の理想は同時に有限なものであるため、中学の実践家は実験を重ね、この理想的なカリキュラム計画のどこが実施可能で、どこが不可能なのか、どこを修正すべきか明らかにしてほしいとしている[48]。そして、国民学校から中学卒業まで十一年という月日があり、もしここで示した程度まで国語教育が達しないというならば、それは中国教育の大失敗というべきであろうとしめくくっている[49]。

(二)「再論中学的国文教学」

この「再論中学的国文教学」は一九二二年七月に済南で開催された中華教育改進社の年次大会で胡適が講演したものである[50]。この講演は前述した「中学国文的教授」から二年が経過し、修正を加えた新たな主張を展開するために発表したものである。

まず中学国文の標準について、前回は四か条としたが、今回は以下の三か条に修正したとしている[51]。

(一)「国語」を用いて自由に思想を発表し、文法上の誤りなく流暢に作文、演説することができる。

表9　中学国文のカリキュラム構造（「国語文」と「古文」）

	内容（時間数）	合計
国語文	国語文（2）、演説（1）、語法と作文（1）、弁論（1）	5（ 25%）
古文	古文（12）、文法と作文（3）	15（ 75%）
		20（100%）

出典：『胡適全集』をもとに筆者作成

（二）「国語文」に通じてから「古文」を教え、生徒が徐々に「古文」を読み、「古文」を使えるようにする。

（三）「古文」は文法を実習するためだけの工具であり、中学国文そのものの目的ではない。

ここでの第一標準は前回の標準と大きな差異がみられない。胡適は、ここ数年で「国語文」に通ずる中学生が多くなっているなかで、自由に思想を発表できるよう『国語』を用いて」というこの項目を第一標準にすえるべきとした[52]。そのうえで、第二標準と第三標準では、学年段階にそって「国語文」から「古文」へと学習内容を進め、ただし「古文」は文法を実習するためだけの工具であることが明確にされた。胡適は「国語文」の蓄積が「古文」学習の助けとなるため、「国語文」に通じてから「古文」へと進むことで、学習に手間取らずに倍の成果を得ることができるとした[53]。参考になる同様な見方として、黎錦熙も中学での「作文」は「国語文」を主として、「古文」はあくまでも随意的なものとすべきと発言したと胡適は記している[54]。

続いて、カリキュラムの構造については前回の内容と時間数をふまえつつ、表9のような形で整理している。前回の「中学国文的教授」では学年段階ごとの構造が示され、「再論中学的国文教学」では「国語文」と「古文」の区別でカリキュラムの構造が示されている。中学では合計二十時間あり、「国語文」は全体の四分の一（二十五%）、「古文」は全体の四分の三（七十五%）としている。ここで胡適は小学における国語教育の進捗に合わせて以下の点に留意すべきとした[55]。

（一）小学で十分に国語教育を受けていない場合
①まず「国語文」の知識と能力を優先すべきである。
②中学二年、三年に至るまで「国語文」を継続させ、中学三年、四年には「古文」を教え始めても、「古文」の時間を上乗せしてはならない。
③中学での四年間を通じて、「作文」は「国語文」を主とするべきである。
（二）すでに「国語文」へ通じている場合
①「国語文」での文学と文法学を重視すべきである。
②「古文」を数時間ほど追加することができるけれども、全体の三分の二を超過してはならない。
③「作文」は「国語文」を主とするべきである。

胡適は学年段階にそって「国語文」から「古文」への流れを基礎としつつ、「古文」の開始に差があったとしても過度な時間の上乗せをしてはならないとした。また、「作文」については、どちらの進捗にあったとしても「国語文」を主とすることを明確にしている。その理由として、短時間で長編の「古文」を習得するのは難しく、たとえ習得したとしてもそれを活用するところがないと胡適は記している。[56]

また、「再論中学的国文教学」では「古文」の自修教材について修正が加えられた。修正をせざるをえない原因として、胡適は以前に例示したものに「しかるべき条件が備わっていない」からとしている。[57]具体的には、例示した『資治通鑑』には複数の版本があり、子部のなかでも簡潔な『老子』でも自修に有効な注釈書がない状態にある。[58]『詩経』についても専門的な研究でもはっきりとせず、あいまいとなっている箇所があるなかで、中学の自修で用いる状態ではないとしている。[59]ここで述べられている「しかるべき条件が備わっていない」とは「しかるべき整理を経ていない」状態を指すと胡適は説明している。[60]「しかるべき整理」の「整理」とは、胡適が中国古代哲学の体系化を目ざした「整理国故」によるものである。序章で取りあげたように、コロンビア大学での博士論文（The Development of the Logical Method in Ancient China）を通じて、胡適は反伝統としての儒教批判を含みながらより意義のある中国古代哲学の歴史的文脈を見出そうとした[61]。アメリカからの帰途に、京都帝国大学における東洋史学の基礎を築いた桑原隲蔵の漢訳論文から、胡適は科学的方法をもとに典籍を「整理」する重要性を再認識し、「整理」とは「英文のSystematize」であるとして、「整理国故」に取り組んでいくことになる[62]。この「整理国故」は儒教批判を含んだ古典の再解釈という「復興」としての側面をもっており、その自らの研究を胡適は採用すべき「古文」教材の条件として援用したのである[63]。「再論中学的国文教学」では、「古文」の自修のために、少なくとも「（一）標点符号を加え、（二）段落に分け、（三）不必要な古い注釈を削除し、（四）欠かせない新たな注釈を付け加え、（五）諸本を校勘して、（六）その偽りを正し、（七）詳細な紹介と批評的な跋文を作成することが必要である」とした[64]。イギリスやアメリカでシェイクスピアの演劇が「整理」され、誰もが接する教材となっているように、中国でもこのような「整理」を経ることで、その「古文」を教学上において重要な教材とすることができるとしたのである[65]。

第四節　「国語科」創成の政策過程

国語統一は清末から民国期にかけて取り組むべき政策的課題として言及されるようになり、教育部の附属機関を中核としてその議論が展開された。しかしながら、袁世凱政権での封建復古的な動向により一時的な空白が生まれてしまう。そうした停滞期を乗り越え、再び国語統一を推進した要因として、下記にあげる二つの組織に着目したい。

第一に、一九一五年に結成された全国教育会連合会である。[66] 全国教育会連合会は一九二五年まで凡そ年に一回ずつ開催された。全国教育会連合会では各省代表の教育者や知識人が集まり、そこで議決された内容は教育部へと上申され、教育部の政策決定に大きな影響を及ぼした。国語統一および国語教育についても、この全国教育会連合会が教育部へ上申したものがきっかけとなって政策決定へと至っている。

第二に、読音統一会と同様に、教育部の附属機関として設置された国語統一籌備会である。[67] 国語統一籌備会が設立された一九一九年には、胡適の「建設的文学革命論」を契機として国語統一運動はすでに大きな関心事となっており、北京の国語研究会は会員数を急増させていた。こうした状況のもと、国語統一に関する審議会が中央で教育行政を司る教育部で設けられた。その意義を当事者でもあった黎錦熙が端的に述べている。

四十年来の国語運動史において、国語研究会が果たした仕事は最も鮮やかな数ページに値する。ただし、中国において革新的な事業を展開させるためには、行政面での公文書を経ずに、社会方面へ容易に普及させることはできない。つまり、皆に知れ渡り、そのうえ賛成してもらうためには、ある種の強制力がなければ実行することはできないのである。

国語研究会は民間のものであったため、国語統一を確実に遂行していくためには教育部という公権力の威光を借りる必要があった。そのため、国語統一籌備会は教育部の附属機関として設置され、その委員の大多数は国語研究会の会員で構成された。いわば、「中央」での議決によって力強さを出しつつも、それを支える形で「地方」との「各省の合意」を儀礼的に形づくる必要があり、「国語科」の創成はそうした政策過程で結実したものである。

以下では、前節で明らかにした思想史的系譜と全国教育会連合会、国語統一籌備会との関係性をふまえながら、「国語科」創成へと至るまでの政策過程について順に検討していく。

まず、読音統一会で議決された注音字母が教育部から正式に公布されたのは一九一八年十一月であった。[68] 教育部での正式公布を加速させる契機となったのは一九一七年十月に浙江省杭州で開催された第三回全国教育会連合会である。教育部への要請として、第三回全国教育会連合会では「国語標準を定め、注音字母を推進させることで国語統一を進め」、それをもとに「小学の『国文科』を『国語科』へと改める準備とする」ことが議決された。[69] この議決案は教育部へ上申され、一九一八年十一月に注音字母が正式公布されるに至ったのである。

注音字母が公布されたことで、次に「国語」を用いた教科書編纂と「国語科」のカリキュラム編成がなされていくことになる。前節でも詳述したように、「建設的文学革命論」の次号である『新青年』において、胡適は「国語」を単に大学入試のためだけにあるのではないとして、小中学から順に「国語」を用いて教科書を編纂すべきであるとしている。[70] こうした小中学から順に展開していく胡適の国語教育論は学界でも広く受け入れられた。胡適も会員として名を連ねた国語統一籌備会の第一回大会（一九一九年四月）において議決された「国語統一進行方法」では、順次小学から着手し、小学での教科書を「国語」普及の大本営とすること、そして「国文読本」を「国語読本」へ改めることが明記された。[71] 加えて、一九一九年十月に山西省太原で開催された第五回全国教育会連合会においても、同様のことが審議され、小学の国文教科書を「国語」に改めるべきであるとの旨が教育部へと上申された。[72] この画期性については、当時、中国を訪れていたデューイも自らの講演で「教育の一大進歩に値する」と全国教育会連合会による議決を好意的に評価した。[73] こうして教育部は国語統一籌備会と第五回全国教育会連合会の議決をふまえ、一九二〇年一月に本年秋季から国民学校一年と二年で教科書を「国語」に改め、順次それらを高学年へと拡大させていくことを決定した。[74] この決定に対して、胡適は「その影響と結果は現在の我々に計り知ることは難しい」としつつも、「ここ十年来において大きな出来事の一つ」であり、「中国における教育の革新を少なくとも二十年早めたということができるであろう」と述べている。[75]

胡適の「建設的文学革命論」による国語統一運動と文学革命の合流以後、注音字母、新式標点符号、「国語」を用いた教科書編纂が決定され、続いて「国語科」のカリキュラム編成に関する議論へと移っていく。胡適自身も前節で取りあげた論文二編「中学国文的教授」（一九二〇年三月）、「再論中学的国文教学」（一九二二年八月）を執筆し、「国語文（語体文）」で書かれたテキストを「国語科」の教育内容として位置づけ、あくまでも「国語文」を主として中学の学年段階があがってから「古文」の学習へと進むべきとした。

一九二二年十月に山東省済南で第八回全国教育会連合会が開催された。胡適も北京教育会の代表として列席している。教育部の学制会議との調停案が胡適により示され、その調停案をもとに審議された「学制系統案」が教育部へと上申された[76]。この提言をもとに、教育部は一九二二年十一月に「学校系統改革案」として新学制を公布した[77]。その冒頭には以下の七点が標準として明記された。

（一）社会進化の需要に適応する。
（二）平民教育の精神を活かす。
（三）個性の発達をはかる。
（四）国民の経済力を重視する。
（五）生活教育を重視する。
（六）教育を普及しやすくする。
（七）各地方の伸縮余地に留意する。

新学制にともない、新しいカリキュラムを編成する必要があった。第八回全国教育会連合会の開催にあたって、

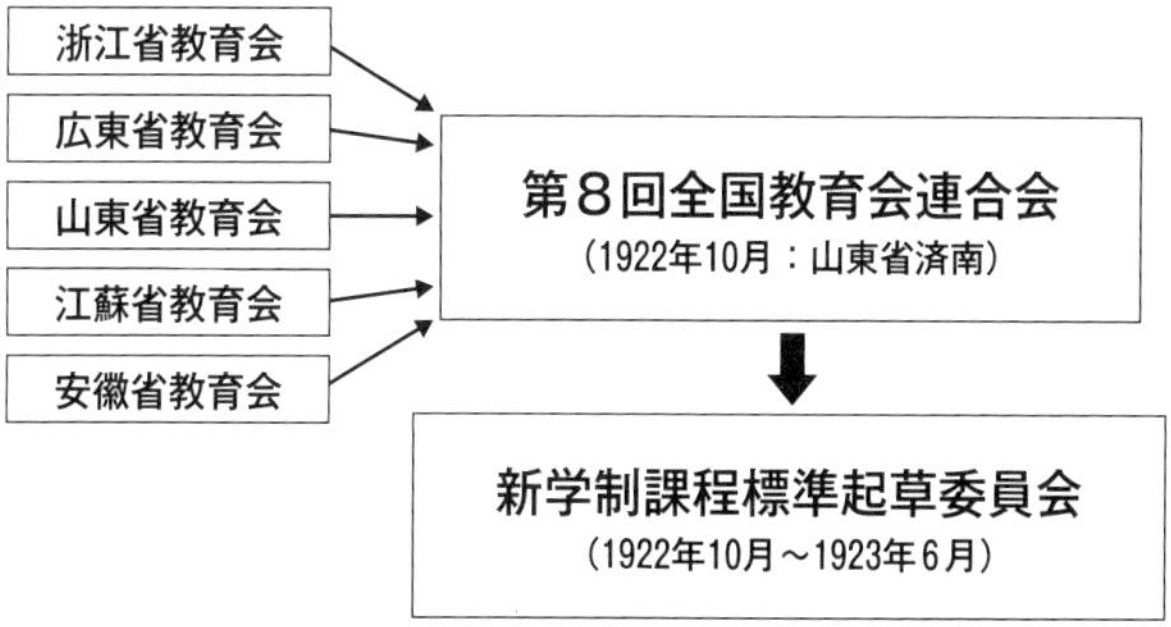

図2　カリキュラム審議の流れ
出典：『歴届全国教育会連合会議案分類匯編』
　　および『新学制課程標準綱要』をもとに筆者作成

図2に示した通り、浙江省、広東省、山東省、江蘇省、安徽省の五省の教育会から新しいカリキュラムの案が寄せられていた(78)。

そこで、各省の議案を審議し、新しいカリキュラムを取りまとめるために、第八回全国教育会連合会のもとで新たに「新学制課程標準起草委員会」が組織されることになった(79)。委員会では校種と教科ごとに審議がなされ、胡適は起草委員の全体を統括する公選委員として選出された。一九二二年十月の北京での第一次委員会、一九二二年十二月の南京での第二次委員会(80)、一九二三年四月の上海での第三次委員会を経て、最終的には一九二三年六月の上海における第四次委員会により、小学から高級中学に至るまでの新しいカリキュラムが完成した。新学制に合わせて、カリキュラムも全国一律な形を強いることなく、あくまでも「参考」として地方ごとに弾力的な運用をしていくことが議決された。このカリキュラムによって「国語科」が創成され、それぞれ小学は呉研因、初級中学は葉聖陶、高級中学は胡適が編成と起草を務めた(81)。「国語科」と関連して、胡適は高級中学（第一組：文学および社会科学）の分科専修として設定された「特設国文」と「論理学初歩」の編成と起草も担当した(82)。これらの史料については本書の巻末にある【参考資料1】に訳出した。初級中学の「国語科」において「本科目は小学国語課程と接続し、次第に口語体から文語体へと進むことで、高級中学国語課程綱要の基礎とする」と明記された(83)。学年段階にそって「古文」の学習へと進んでいくことは胡適による「再論中学的国文教学」でみられた議論である。低学年から国語教育を順次実施し、校種間での接続が意識された構造になったといえる。加えて、胡適自身が担当した高級中学「国語科」における読解では、「すでに整理された名著」を用いるとして、「（一）標点、（二）分段、（三）校勘、（四）簡明な注釈、（五）詳細な序論」が明記された[84]。高級中学はいずれの校種のなかでも「古文」の割合が多かったことから、古典を再解釈する方法論であった「整理」が最終的には採用すべき「古文」教材の条件として「国語科」へと盛り込まれるに至った。前述の「国語文」と合わせてみれば、胡適自身も「建設的文学革命論」を皮切りに国語教育のカリキュラム構造を模索し始め、「再論中学的国文教学」での修正を経て、後に壬戌学制における「国語科」の基盤となる議論を形づくっていたとみることができる。

小結

本章では、「国語科」創成の政策過程をふまえながら、その過程において胡適が果たした役割を論じてきた。胡適の「文学改良芻議」は個別具体的な八か条をともなっていたため、反響をもって『新青年』へと迎え入れられた。ただし、運動体としての進展からしてみれば、帰国後の「建設的文学革命論」が果たした役割の大きさを見出すことができる。ここまでの考察を総合して、カリキュラム史として胡適が果たした役割を以下の二点に見出すことができる。

第一に、壬戌学制にともなうカリキュラム編成によって、校種間および教科間の連携を意識した体系的な構造となった点である。清末において新式教育の展開のために教育課程が整備されたが、教科目標、教育内容など連携のとれた体系的な構造となっていなかった。巻末の【参考資料1】にあるように、壬戌学制にともなう新たなカリキュラムでは、それぞれの科目において教科目標、学年段階ごとの教育内容、教授方法、卒業最低限度の標準が明記された。各科目でこれらの項目が順に書かれている構造となり、全科目が共通したカリキュラム構造となった。「国語科」でも、初級中学では小学から接続し、学年段階にそって「古文」へ進むことで高級中学の基礎とすることが明記された「国語科」の編成に加えて、校種間の接続が意識された体系的なカリキュラム構造となった点に、胡適が公選委員の一員として教育課程編成の全体を統括した意義を見出すことができ、現代へと連なる体系的な学校カリキュラムの基礎が創成されたと位置づけることができる。

第二に、胡適が「啓蒙」として口語文を基調とする「国語文」を学校教育に位置づけ、「復興」として「整理」された「古文」を教材に採用すべきとした点である。文学革命において、胡適は「白話」を文学の書き言葉として再評価した。「白話」のままでは民衆の話し言葉が連想されてしまうため、「建設的文学革命論」では「白話」を「国語」に仕立て上げて、新たなスローガン「国語的文学・文学的国語」を提示した。これを契機として胡適は自らの国語教育論を展開するようになり、学校教育における「国語文」と「古文」の位置づけについて模索し始める。まず「中学国文的教授」で全体概要を示しつつ実地での検証を促し、「再論中学的国文教学」で修正を加えた。「国語文」については、学年段階にそって「国語文」から「古文」へと進むべきとした。「作文」は、仮に「古文」を習得したとしても活用する場がないため、あくまでも「国語文」を主にすえるべきとした。「古文」については、「中学国文的教授」で多くの教材を例示したものの、「再論中学的国文教学」で採用すべき「古文」の条件を提示する。その条件となったのは、胡適が自らの研究として取り組んでいた「整理国故」によるものであり、生徒の自修には「整理」されているかどうかが重要であると主張した。この「整理国故」は反伝統としての儒教批判を含みながら古典を再解釈する試みであり、胡適はその研究における方法論を採用すべき「古文」教材の条件として援用したのである。「再論中学的国文教学」で明確となった「国語文」から「古文」への段階や「整理」概念は、壬戌学制における

「国語科」にも盛り込まれていく。胡適の議論は、単なる近代化論としてだけではなく、伝統との狭間にあることから「啓蒙」と「復興」の双方で模索が必要であった。故に、胡適は文学革命で「死」に追いやったとした「古文」も教育内容として完全に排除することなく、「整理国故」を援用して採用すべき「古文」教材の条件を模索したのである。

【注】

（1）黎錦熙は、社会的な広がりとして、簡字研究会は民国期に入ってからの国語研究会の先がけとなったとしている。前掲書黎錦熙『國語運動史綱』、三十頁。労乃宣の業績については、陳希「労乃宣と切音字運動」（『現代中国』第九十六号、二〇二二年、所収）に詳しい。

（2）汪婉『清末中国対日教育視察の研究』（汲古書院、一九九八年）三七一頁。

（3）「全国臨時教育会議開会詞」（『蔡元培全集』第二巻、所収）二六四―二六五頁。臨時教育会議のより詳細な考察については、于瀟『社会変革中的教育応対　民国時期全国教育会議研究』（浙江大学出版社、二〇一五年）にみることができる。

（4）「読音統一会章程」（多賀秋五郎『近代中国教育史資料　民国編上』日本学術振興会、一九七三年、『教育法規彙編』所収）四九六頁。読音統一会については、前掲書黎錦熙『國語運動史綱』、五十―六十六頁。また、大島正二『漢字と中国人―文化史をよみとく―』（岩波書店、二〇〇三年）二〇六―二一一頁にも詳しい。

（5）朱希祖については、兪允海「朱希祖在国語運動中的貢献」（『湖州師範学院』二〇一六年第七期、所収）、王愛衛「朱希祖与章太炎」（『徳州学院学報道』二〇〇八年五期、所収）、周文玖「朱希祖与中国現代史学体系的建立―以他与北京大学史学系的関係為考察中心」（『烟台師範学院学報（哲学社会科学版）』二〇〇六年第一期、所収）。

（6）前掲書鄭国民『従文言文教学到白話文教学―我国近現代語文教育的変革歴程』、四十二頁。

（7）宮原佳昭「袁世凱政権期の学校教育における「尊孔」と「読経」」（『東洋史研究』第七十六巻第一号、二〇一七年、所収）。

（8）「答方孝嶽（白話文）」（『陳独秀著作選編』第一巻、所収）三三〇頁。

（9）「建設的文学革命論」（『胡適全集』第一巻、所収）五十二―六十八頁。

（10）「『中国新文学大系・建設理論集』導言」（『胡適全集』第十二巻、所収）二八九―二九〇頁。

（11）安田敏朗「帝国化する言語―近代帝国がもたらしたもの」（山本有造編『帝国の研究―原理・類型・関係―』名古屋大学出版会、二〇〇三年、所収）三二九―三三一頁。国家と言語政策の関係について、田中克彦は、「国家はその権力を行使して、いろいろな形で俗語をささえるのであるが、やがては法的手段にうったえる」としている。前掲書田中克彦『ことばと国家』、七十八頁。
（12）前掲書黎錦熙『國語運動史綱』、七十頁。
（13）王奇生「新文化是如何〝運動〟起来的」（『革命与反革命　社会文化視野下的民国政治』社会科学出版社、二〇一〇年、所収）二十三頁。
（14）国語研究会については、前掲書黎錦熙『國語運動史綱』、六十六―七十五頁。
（15）表6は、『中華教育界』第十一号第二期（一九二一年八月）による（東洋文庫所蔵のマイクロフィルムを閲覧させていただいた）。当該雑誌の探索においては、大澤肇、今井航、小川唯、小野寺史郎、戸部健「『中華教育界』記事目録」（『近代中国研究彙報』第三十二号、二〇一〇年、所収）が有益である。喩永慶『大衆伝媒与教育転型―『中華教育界』与民国時期教育改革』（華中科技大学出版社、二〇一四年）では、メディア史の観点から『中華教育界』が『教育雑誌』と双璧をなす民国期の代表的な教育雑誌であると位置づけられている。
（16）前掲書大原信一『近代中国のことばと文字』は、「言語表現の上では混沌たるカオスの中で、魯迅が時代の要求に答えうる実作を提示したことに大きな意義がある」としている（八十九頁）。
（17）「論文学改革的進行程序」（『胡適全集』第一巻、所収）七十四―七十五頁。『新青年』に設けられていた通信欄について、胡適は「緊急を要する投書は多くないかもしれないが、毎期二十頁におよぶ通信欄は国人の思想関心を喚起している証拠ともいえる」と記している。「帰国記」（『胡適全集』第二十八巻、所収）五八二頁。
（18）前掲「論文学改革的進行程序」、七十二頁。
（19）「『国語講習所同学録』序」（『胡適全集』第一巻、所収）二二五頁。
（20）前注（19）、二二五頁。
（21）前注（19）、二二五―二二六頁。
（22）「中学国文的教授」（『胡適全集』第一巻、所収）。
（23）日本側の中学校令施行規則については、増淵恒吉編『国語教育史資料　教育課程史（第五巻）』（東京法令出版、一九八一年）七十三頁による。明治日本からの影響を考察したものとして、班婷「民国初期の小学校国文科における日本の影響　カリキュラムを中心に」（『アジア教育』第十号、二〇一六年、所収）がある。

(24) 前注(22)、二一一頁。
(25) 前注(22)、二一一—二一二頁。
(26) 前注(22)、二一二頁。
(27) 前注(22)、二一二—二一三頁。
(28) 前注(22)、二一三頁。
(29) 前注(22)、二一三頁。
(30) 前注(22)、二一三頁。
(31) 前注(22)、二一三、二一五頁。
(32) 前注(22)、二一四頁。
(33) 前注(22)、二一五頁。
(34) 前注(22)、二一五頁。
(35) 前注(22)、二一五—二一六頁。
(36) 前注(22)、二一六頁。
(37) 前注(22)、二一六頁。
(38) 前注(22)、二一六—二一七頁。
(39) 前注(22)、二一七頁。
(40) 前注(22)、二一七頁。
(41) 前注(22)、二一七頁。
(42) 前注(22)、二一七—二一九頁。
(43) 前注(22)、二一八—二一九頁。
(44) 前注(22)、二二〇頁。
(45) 前注(22)、二二〇頁。『馬氏文通』は馬建忠が一八九八年に著した文法書である。大島正二は、『馬氏文通』を「中国における文法学の成立を告げる」画期的著作であり、今日においても「中国文法学史における大きなメルクマール」とされるものと位置づけている。大島正二『中国言語学史 増訂版』(汲古書院、一九九八年)三七二頁。馬建忠の評伝として、岡本隆司『馬建忠の中国近代』(京都大学学術出版会、二〇〇七年)、薛玉琴『近代思想前駆者的悲劇角色 馬建忠研究』(中国社会科学出版社、二〇〇六年）がある。
(46)　前注（22）、二三一頁。
(47)　前注（22）、二三二頁。
(48)　前注（22）、二三二―二三三頁。
(49)　前注（22）二三三頁。
(50)　「再論中学的国文教学」（『胡適全集』第二巻、所収）。以下の日記にも講演の参加記が書かれている。「十一、七、六」（『胡適全集』第二十九巻、所収）六七三―六七四頁。
(51)　前注（50）、七八五―七八六頁。
(52)　前注（50）、七八六頁。
(53)　前注（50）、七八六頁。
(54)　前注（50）、七八六頁。
(55)　前注（50）、七八七頁。
(56)　前注（50）、七八六頁。
(57)　前注（50）、七九一―七九二頁。
(58)　前注（50）、七九一頁。
(59)　前注（50）、七九一―七九二頁。
(60)　前注（50）、七九二頁。
(61)　反伝統としての儒教批判について、前掲欧陽哲生「中国的文芸復興―胡適以中国文化為題材的英文作品解析」では、その基底に孔教運動への反対があり、中国学を専門として胡適の博士論文審査にも加わったFriedrich Hirthからの影響によるとしている。
(62)　「帰国記」（『胡適全集』第二十八巻、所収）五八二頁。桑原隲蔵については、吉澤誠一郎「東洋史学の形成と中国―桑原隲蔵の場合」（岸本美緒編『「帝国」日本の学知三　東洋学の磁場』岩波書店、二〇〇六年、所収）。
(63)　葛兆光「一個歴史事件的旅行―〝文芸復興〟在東亜近代思想和学術中的影響」（『学術月間』第四十八巻、二〇一六年、所収）。前掲村田雄二郎「漢字圏の言語」は、「中国では漢字古典語の伝統的基盤を意識しつつ、連続と断絶の相剋の中から、近代『国語』が練り出されていったのである」としている（九頁）。この指摘をふまえるならば、胡適の「Chinese Renaissance」は、「啓蒙」と「復興」を軸とした「連続と断絶の相剋の中」での模索であるといえる。

(64) 前注(50)、七九二―七九三頁。船引一乗「胡適の提唱した「整理国故」運動の二つの側面」(『中国言語文化研究』第四号、二〇〇四年、所収)では、「整理国故」があわせもつ学術研究と国語教育の二側面を検討している。ただし、国語教育については「再論中学的国文教学」までの分析にとどまっている。

(65) 前注(50)、七九二頁。

(66) 第一回から第十一回までの歴代開催地と議決案の詳細については、『歴届全国教育会連合会議案分類匯編』(第十一届全国教育会連合会事務所、一九二五年)。全国教育会連合会を取りあげた研究として、日本側では前掲書今井航がある。中国側では、梁尔銘による近刊がある。梁尔銘『全国教育会連合会史』(西南師範大学出版社、二〇一一年)。これらをふまえ、一次史料によりながら、新学制課程標準起草委員会までふみこんで分析しようとした点が本書の独自性といえる。

(67) 「国語統一籌備会規程」(多賀秋五郎『近代中国教育史資料　民国編上』、『教育法規彙編』所収)四九七―四九八頁。国語統一籌備会については、前掲書黎錦熙『國語運動史綱』、七十五―一一五頁。

(68) 「注音字母表」(多賀秋五郎『近代中国教育史資料　民国編上』、『教育法規彙編』所収)四九七頁。前掲書黎錦熙『國語運動史綱』、七十六―七十九頁。

(69) 前掲書『歴届全国教育会連合会議案分類匯編』、二一五頁。

(70) 「論文学改革的進行程序」(『胡適全集』第一巻、所収)七十四―七十五頁。

(71) 前掲書黎錦熙『國語運動史綱』、一〇九頁。国語統一籌備会の第一回大会では、胡適、馬裕藻、銭玄同、周作人、劉復、朱希祖の連名で新式標点符号も議決され、胡適による修正を経て、一九二〇年二月に正式公布された。胡適「請頒行新式標点符号議案(修正案)」(『胡適全集』第一巻、所収)一一〇―一一三頁。

(72) 前掲書『歴届全国教育会連合会議案分類匯編』、二二五―二二六頁。

(73) 「教育哲学」(『杜威五大講演』晨報社、一九二〇年、上冊、所収)三十二―三十三頁。デューイは、アメリカの雑誌に寄せたエッセイにおいて、「この新たな教科書でのコースワークが一世代にわたって続いたとすれば、賢明な歴史家によって満洲王朝崩壊よりも意義があると記録されるだろう」と評した。John Dewey, The Sequel of the Student Revolt, in *The Middle Works of John Dewey Vol. 12 1920* (Carbondale: Southern Illinois University Press, 1982), p. 27. デューイのエッセイ一覧は巻末の【参考資料4】を参照のこと。ここから、デューイは自らの学説を教授する立場であったと同時に、実体験した中国情勢をアメリカ社会へ伝える立場でもあったことがわかる。デューイの中国経験については、Barry Keenan, *The Dewey Experiment in China: Educational Reform and Political Power in the Early Republic* (Cambridge: Harvard University Press, 1977)、Jessica Ching-Sze Wang, *John Dewey in China: To

Teach and To Learn（Albany: State University of New York Press, 2007）、Ruth Hayhoe, *China Through the Lens of Comparative Education*（New York: Routledge, 2015）にも詳しい。

（74）「教育部訓令第十二號」（多賀秋五郎『近代中国教育史資料　民国編中』日本学術振興会、一九七四年、『政府公報』所収）一九七頁。

（75）「《国語講習所同学録》序」（『[illegible]全集』第一巻、所収）二二四頁。

（76）前掲書『歴届全国教育会連合会議案分類匯編』、五十六―六十頁。

（77）「学校系統改革案」（多賀秋五郎『近代中国教育史資料　民国編中』日本学術振興会、一九七四年、『政府公報』所収）二一三―二一四頁。学校系統図は巻末の【参考資料2】に示した。

（78）前掲書『歴届全国教育会連合会議案分類匯編』、一八六―二〇八頁。

（79）新学制課程標準起草委員会編『新学制課程標準綱要』（商務印書館、一九二五年）。中核となる公選委員の五人は、胡適、袁希濤、金曾澄、黄炎培、経亨頤。

（80）南京での第二次委員会によって示された課程標準綱要の草案が、審議過程の報告として『教育雑誌』に連載されている。「新学制小学課程綱要草案」（『教育雑誌』第十五巻第四号、一九二三年四月、所収）、「新学制初級中学課程綱要草案」（『教育雑誌』第十五巻第五号、一九二三年五月、所収）、「新学制高級中学必修科課程綱要草案」（『教育雑誌』第十五巻第七号、一九二三年七月、所収）。『教育雑誌』の探索には、呉美瑤、劉子菁、丁千恬、林嘉瑛編『《教育雑誌》（一九〇九―一九四八）索引』（心理出版社、二〇〇六年）が有益である。

（81）前掲書新学制課程標準起草委員会編『新学制課程標準綱要』において、小学は一―五頁、初級中学は五十二―五十六頁、高級中学は八十二―八十五頁を参照。

（82）前掲書新学制課程標準起草委員会編『新学制課程標準綱要』において、高級中学の「特設国文」は一〇二―一〇四頁、「論理学初歩」は一〇七―一〇八頁を参照。

（83）前注（79）、五十二頁。

（84）前注（79）、八十二頁。

第五章 「清末」との差異化

口語文学の確立を目ざした文学革命とともに、国語教育の重要性が認識されるようになり、最終的には「国語科」創成へと至った。これまでの研究蓄積では、王徳威の「没有晩清、何来五四？（清末がなければ、五四は来たのであろうか？）」の問いかけに呼応する形で、清末の文学運動と五四時期の文学革命の関係性について多くの論及がなされてきた。[1]その一例として、李孝悌は文学革命が「白話」を文学の書き言葉として再定位したことを評価しつつ、文学革命がそれに先立つ清末からの影響関係にあると論じている。[2]その一方で、胡全章、関愛和は、清末の諸運動と五四時期の文学革命の関係性について、互いに継承性を有した影響関係にあるだけではなく、清末から五四時期にかけて更なる発展や旧観念の打破を実現させた開拓的側面があるとしている。[3]しかしながら、文学論議に身を投じた当事者そのものが一連の歴史的過程をいかにとらえ、いかなる点で清末の文学運動と五四時期の文学革命の差異を見出すに至ったのかについて十分な考察がなされているとは言い難い。

そこで、本章では、胡適が文学革命を中国文学史へと位置づけるために記した「歴史叙述」に着目する。ここで「歴史叙述」を対象とする場合、黄東蘭が論じるように、「過去に起きた無数の出来事のなかから何が選ばれ、どう描かれているか」が重要な視座となる。[4]第二章でみてきたように、胡適は明治日本と連鎖関係にあった清末の思想空間にいながら、アメリカ留学を通じて自らの文学論を形成した。当初、胡適自身も清末からの影響関係を十分に認識していた。ただし、胡適は文学革命を中国文学史へ位置づけ、その成果を見出すために、次第に清末との差異化をはかるようになる。

以上の背景をふまえて、まず第一節では、清末からの影響関係に言及している傍証として、東亜同文書院の清水董三による調査研究を取りあげる。当時の東亜同文書院では中国内地での地の利を活かして、教員や学生による調査旅行が展開されていた。清水董三は語学担当教員として中国の国語統一について調査し、民国期の諸運動は清末からの影響関係にあり、その延長線上にあってこそ成果を得られたにすぎないと指摘していた。第二節では、清末の思想界を牽引した梁啓超との関係が胡適の文学論形成に与えた影響を通観する。そのうえで、胡適自身は清末からの影響を自覚しつつも、胡適の文学史叙述では、文学革命の成果を見出すため、清末の文学運動との差異化がはかられるようになったことを示す。第三節では、胡適による文学論のいかなる点に批判の余地があったのかについて取りあげ、胡適思想の歴史的命脈を最後に示していきたい。

第一節　清水董三による国語統一調査

前章では、デューイが一九二〇年にあった国語教科書の議決を好意的に評価していたことを取りあげた。中国の国語統一、文学革命は同時代日本の知識人も精力的に論じていた事項である。例えば、陶徳民は吉野作造、青木正児、西村碩園が「主として同時代中国の文献に頼っていた」のに対して、中国現地にあった牧師の清水安三の視座は「現地の一目撃者による生の記録として貴重なものである」としている。(5) この国語統一、文学革命の調査研究は、当時の上海にあった東亜同文書院でも精力的になされていた。

東亜同文書院は東亜同文会の教育事業の一環として一九〇一年に創設されたものである。初代院長には根津一が就任した。運営の主体である東亜同文会の綱領には、「(一) 支那を保全す、(二) 支那及び朝鮮の改善を助成す、(三) 支那及び朝鮮の時事を討究し実行を期す、(四) 国論を喚起す」の四点があり、嵯峨隆は、東亜同文書院の運営には、「東亜同文会固有の対外観が濃厚な形で付与され」、「更には学校の運営に直接携わった根津の思想、すなわち『根津精神』が反映されていた」としている。[6] 根津の尽力もあって、東亜同文書院の運営は軌道にのり、中国語教育の重視をもとに中国情勢へ精通した人材を多く輩出した。[7] なかでも、その成果を下支えしたのが東亜同文書院における調査研究の展開であった。

学修の面において、東亜同文書院では調査旅行が卒業の最終年度に行なわれていた。初期においては同院教授だった根岸佶が調査旅行の企画と指導にあたり、現地でのフィールド調査をもとにした成果は『支那経済全書』と『支那省別全誌』の刊行へと結実した。[8] 卒業年度の調査旅行は東亜同文書院を代表する教育プログラムとなり、藤田佳久が論じるように、「次々と拡大するとともに、調査研究テーマを明確にした調査旅行の色彩を強め、よりアカデミックな方向がはっきりし、商取引調査だけでなく、地域調査そのものへと変化」した。[9] このような調査研究の組織的展開において重要な役割を果たしたのが、同院内に一九一八年に創設された支那研究部である。東亜同文書院の創立三十周年記念誌では、列強諸国が「支那の根本的解剖に従事しつつある」なかで、「古来隣国として殊に深甚なる関係にある我日本」にとって「支那研究」は「学術的、経済的又政治的にも極めて緊要なる」ものであったとしている。[10] そのうえで、「放漫なる常識的議論を以て甘んずること」が「甚だ危険なるは自明の理」であるとして、東亜同文書院では「専門的、科学的探究」によって「精確に事実の真相」を追究し、上海にある「地の利」を活かして「支那研究遂行の使命」を負っていくとされた。[11] この支那研究部では、担当教員（部員）による研究旅行も職務内容の一つとして位置づけられ、清水董三は一九二〇年に「支那語の研究（漢口、北京地方）」、一九二二年に「支那国語教育施設の視察（北支地方）」、一九二六年に「広東政府および国民党の現状、福建広東両省に於ける思想運動の傾向（広東地方、台湾、福州）」をテーマに研究旅行を展開した(12)。本節で取りあげるのは「支那語の研究（漢口、北京地方）」、「支那国語教育施設の視察（北支地方）」をもとに執筆され、後に不定期発行の研究パンフレットへ収められた「支那の国語統一問題」（一九二三年二月）である(13)。

当該の論稿において、清水は清末からの国語統一について整理している。国語教育については、一九一六年に組織された国語研究会は「民間の有志者の組織」であり、「中央に調査計画の機関を置かねばならない」という理由で、教育部に国語統一籌備会が設置されたとしている。これによって、教育部を「主脳機関」として国語統一との連動がみられるようになり、口語文を基調とした出版物の増加が国語統一の気運を促進したとみている。さらに、清水は全国教育会連合会の動向にも着目している。前述した国語統一籌備会と全国教育会連合会での議決をふまえ、教育部では一九二〇年に国語教育を低学年から順次実施していくことが決定された。この決定に対して、清水は「国語教育の第一聲で真に支那教育界の一大驚異」となるものであり、これによって一九二〇年は各出版社から盛んに国語教科書が出されるようになったと評価した。以上のように、清水は民国期にみられた国語統一およびそれに付随した国語教育改革をとらえていたが、これら一連の展開を民国期に入ってからの「大発見に非ず」と鋭く指摘していた。

さらに、清水は中国に「西蔵語」、「蒙古語」、「回族語」、「満洲語」、「苗族語」、「其他の蕃語」など様々な言語があり、中国語は「通常漢民族の用ゆる言語」、すなわち「漢語」のことを指すとしている。その中国語の系統について、清水は一般的に「国語系統」と「非国語系統」があり、「国語系統」は「文章に近く比較的整然たる文法を有する」のに対して、「非国語系統」は「言語蕪雑にして文法、語句に一定の脈絡なきもの」としている。そのうえで、各地方には「官話」と「土語」があり、「官話」は「智識階級」で「官場に通ずる言語の意」であるのに対して、「土語」は「郷土的俗語」、「地方の方言」であるとしている。多岐で複雑な系統を整理、統一しようとする動きは、清水によれば、「支那学の一部として発達し来れる音韻学」で議論され、「立憲準備」のため清末では「教育普及の論」と相まって「国語統一の議」が盛んとなったという。外国でローマ字を発音にあてていることに刺激され、「字母」の作成が試みられ、なかでも清水は清末の労乃宣が提議した「簡字」を特筆すべきものと取りあげている。

労乃宣は王照とともに清末の国語統一運動を牽引した人物であり、簡字学堂の設立を通じて教育の普及と識字の向上を目ざしていた。[14] 清水は労乃宣が王照の「官話字母」をもとに「簡字」を提議し、その特色は日本の仮名のような形で漢字の読みを示そうとした点にあるとしている。清水は労乃宣の『簡字全譜』にある「今日において中国を救おうとするならば教育の普及が必須であり、教育を普及させようとするならば文字をわかりやすくする必要があり、文字をわかりやすくするためには拼音の法を用いなければならない」という論述を引用している。[15] 労乃宣の議論は教育の普及をめざしたものであり、清末の資政院や学部へその旨が要請されたが、実現されないまま清朝が崩壊してしまった。ただし、清水は、「国語問題を醞釀せしめて後年之を実行せしむるの基礎を築きたる点」に清末の功績があり、民国期にみられた政策決定は「清末に於ける国語統一案の一部」に過ぎないとしている。とりわけ、一九一八年に公布された注音字母は「支那言語学上一大事件」のように伝わっているが、それは誤りであり、「支那は古く仏教の伝来と共に天竺の発音学を輸入してより切韻の法」が研究され、この注音字母は清末における労乃宣の建議によるところが大きいと論じている。

総じて、清水による論稿は中国現地での調査研究をもとにしたものであり、同時代の調査研究として清末からの影響関係を指摘していた。なかでも、労乃宣の「簡字」を特筆している点に清水の特色をみることができる。中国近代における「国語科」創成史をみるにあたって、こうした同時代の調査研究は関連する一連の過程がどのようにとらえられていたのかについて、重要な示唆を与えてくれる。いわば、同時代の中国語学でも清末からの影響関係が指摘されており、胡適をはじめとした当事者自身も清末からの影響関係を十分に認識していたのである。

第二節　文学史叙述の変容

本節では、梁啓超との関係が胡適の思想形成に与えた影響を通観する。そのうえで、胡適が「建設的文学革命論」以後において、文学革命の成果を位置づけるために、清末との差異化をはかるようになったことを示す。

（一）胡適と梁啓超

中国近代において、胡適と梁啓超は当該の時代を代表する知識人としてあげることができ、実際に、胡適が徐新六の紹介を経て、書信を通じて梁啓超と面識を得るようになったのは一九一八年十一月のことである。[16]この書信では、墨学について梁啓超から教えを請いたいことに加えて、墨学に関連する史資料を見せてほしいとの旨が記されている。一九二〇年十月には梁啓超が『清代学術概論』を脱稿した際に、胡適へその講評を頂戴したいとの旨を伝えている。[17]同時に、梁啓超は胡適の『中国哲学史大綱』について批評したい点が多くあるとその書信に記しており、一九二二年三月には北京大学で多くの聴衆を前にしてその講評がなされた。[18]梁啓超は自身の学堂時代から論壇を牽引していた存在であったため、胡適は梁啓超から鋭いコメントを受けつつも、敬慕の念をもって接していた。

胡適は、自伝『四十自述』において、アメリカ留学以前の学堂時代に梁啓超から「際限のない恩恵を受けた」と記している。[19]清末において、梁啓超は日本へ亡命した際に日本の政治小説にふれ、それらを翻訳するとともに、「新小説」として見出し、「小説界革命」たる一連の文学運動を展開した。そうした過程において、梁啓超は「中国文学」の歴史的展開について進化観念を援用した。齋藤希史が論じるように、中国文学史に進化観念を見出したことで、梁啓超による「中国文学」の概念構想は、「日本への亡命を契機として、日本の文学状況に梁啓超が反応していく中で、次第に確固たるものになっていった」のである。[20]こうした梁啓超の文学運動が胡適の文学観形成に与えた影響について、以下の二点を指摘することができる。

第一に、胡適が清末の梁啓超による文学運動を想起しつつ、学友との文学論議に「革命」を見出した点である。日本に亡命していた梁啓超について、胡適は一九一二年十一月に『時報』を通じて彼が帰国したことを知ったと記している。[21]その日記に胡適は梁啓超を我が国の革命における第一の功労者であり、梁啓超の筆なくしてあれほど迅速に辛亥革命が成功しただろうかとまで記している。コロンビア大学へと進学する一九一五年夏休みに胡適は学友との文学論議へ身を投じ始め、次第に学友へあてた詩のなかに「文学革命」や「詩国革命」といった文言を盛り込むようになった。[22]こうした文学論議を「革命」とする叙述は、王風が論じるように、梁啓超が清末に展開した一連の文学運動から想起したものである。[23]そうならしめたのも、前述のように胡適にとって梁啓超は自身の学堂時代から論壇を牽引する存在であり、アメリカ留学期に至ってもその動向に関心を寄せていた故のことである。

第二に、梁啓超と同様に、胡適も進化観念を中国文学史に見出した点である。進化論は清末において多様性をもって受容され、民国期に入ると新文化運動ではその方法論的支柱としての役割を果たした。[24]この点をふまえれば、清末に梁啓超が中国文学史へ進化観念を見出していたことは方法論史からして特筆すべきことである。[25]胡適も学堂時代から厳復や梁啓超などを通じて進化論の影響を受けており、留学期における学友との文学論議では進化観念を自らの立論に援用していくことになる。とりわけ、「白話」を再評価するにあたり、胡適は「一時代には一時代の文学がある」として、「白話」と「文言」を「活」と「死」の対置関係に据えた。[26]すなわち、従来の難解な文言は「死」

であり、その対比として「活」である白話は「一時代の文学」たりうるものと白話再評価の歴史的正統性を主張したのである。村田雄二郎においても、胡適が「活」と「死」の対置関係を組み入れたことは「文言／白話の正統的地位を逆転することに成功した」と評されており[27]、この点は胡適が進化観念を援用した理論的成果であるといえる。そして、この到達点は文学革命の後に胡適が中国文学史を叙述するにあたり、清末との差異として強調され、清末における一連の文学運動が「古文の範囲内」に限られていたと記す所以にもなってくる。

(二) 文学革命の成果

胡適の「建設的文学革命論」を契機として論壇が広がりをみせたことにより、言語政策面でも大きな進展がみられるようになる。とりわけ、一九二〇年には、後に黎錦熙が「新たな紀元を切り拓いた一年」と評したように、教育部から『国音字典』が正式公布され、国民学校一年と二年から順に「国語」へ改められることが決定した[28]。文学革命と国語統一運動の合流、言語政策面での結実を経て、胡適はこれらを中国文学史へと位置付け、清末との差異化をはかるようになる。

胡適の「五十年来中国之文学」(一九二二年三月)は『申報』五十周年記念誌へ寄稿されたものであり、それに合わせて胡適が清末から五四時期に至るまでの中国文学史を振り返ったものである[29]。同論文において、『申報』が創刊されたのは桐城派の中核でもあった曽国藩が死去した一八七二年であり、それに続く郭嵩燾、薛福成、呉汝綸なども継続的な運動を展開できなかったことから、「古文」の運動は次第に下火になっていったとしている。そうしたなかで、清末における一連の文学運動、具体的には(一)厳復、林紓の翻訳文、(二)譚嗣同、梁啓超一派の議論文、(三)章炳麟による述学の議論、(四)章士釗一派の政論文は、近年の文学史において重要な位置を占めつつも、「古文の応用」に過ぎないとして、「古文の範囲内における革新運動」と評したのである。「古文の範囲内」であった清末の文学運動に対して、胡適は文学革命となって「有意的な主張」を初めて展開することができたとしている。具体的には、以下の二点を清末の文学運動との差異として提示している。

第一に、「古文」に攻撃を加え、「死」へと追い込んだ点である。この点は、「活」と「死」の対置関係に置くことで、「白話」再評価の歴史的正統性を構築したこととも大いに関係し、文学革命の到達点を端的に表したものといえる。興味深いことに、一連の言文一致を目ざす方向性とそれに伴う「敵」なる「古文」からの解放は明治日本とも共通している。(30) 言文一致の方向性に向けて「敵」なる「古文」を「死」へと追い込むことで、白話再評価の歴史的正統性を獲得したことは見出されるべき文学革命の歴史的意義として確からしいものといえよう。

第二に、「我們＝士大夫」と「他們＝民」の区別をなくした点である。胡適によれば、清末の文学運動では古文を用いる「我們」と「白話」を主とする「他們」との間で「境界線」が存在していたという。ここでの「境界線」とは、「人間の群れ」に対するものであり、人種や階級など「何らかの同質性に注目して区切るやり方」を指している。(31)「我們」と「他們」の間における社会構造的断絶は清末にも自覚的な問題として扱われていたことは確かである。(32) ただし、「白話」は民衆の話す俗語であるという意識が強く、「白話」に対する「有意的な主張」を展開できなかったために、清末の文学運動は知識階層の啓蒙に限定されていたと胡適は記している。ここでの創作や弁論の展開から新文学の建設をはかろうとする「有意的な主張」という叙述は、エディス・シシェルによる『ルネサンス』の読後感にみることができるものである。こうした叙述は、後に胡適自らが担当した『中国新文学大系・建設理論集』の序言（一九三五年九月）においてより具体的なものとなる。(33)

清末における失敗は、総じて、難解で学ぶのも難しい点にある。文字の効用は達意にあり、達意の範囲は最大多数になることが最も成功なのである。…［中略］…故に彼らの心中には「最大多数」という観念が無かったのである。…［中略］…厳復、林紓、梁啓超、章炳麟、章士釗らはごく少数の人が鑑賞するための文学工具を完全に放棄しようとはせず、すでに生命力を失い硬直化した文字を用いて新時代の達意・表情・説理の工具とした。彼らは国家社会を革新するという熱情を帯びており、ぜひ彼らの話を多くの人に聴いてほしい。しかしながら、彼らは多くの人々が彼らの書が読めず、彼らの話が聴けないということをなぜ理解しようとしなかったのだろうか。

知識階層の啓蒙に限られていたという課題を克服し、「士大夫」と「民」の区別なく「最大多数」なものとなるために、胡適は「白話」の「経済性」に着目した。いわば、胡適が「工具」として見出した「白話」は「教育的に大いなる経済性」をもち、「文言の一句を理解できるのが十人であるならば、白話の一句を理解できるのは千人、一万人である」としたのである(34)。

以上を総合すると、文学革命を中国文学史へ位置付けるために、胡適は清末の文学運動との差異を強調するに至ったのである。そうした叙述を通じて示された差異は文学革命により到達しえた成果を端的に表したものといえる。ただし、胡適の文学史叙述では、梁啓超による進化観念の援用など、清末からの影響関係が詳しく論及されなくなったことに留意が必要である。すなわち、清末の文学運動と文学革命とは一連の過程で継承性を有する影響関係にあり、胡適はそれを十分に認識していた。しかしながら、胡適の「建設的文学革命論」による文学革命と国語統一運動の合流を背景に、学生論壇を巻き込んだ全面展開の様相をみせるようになったことで、胡適の文学史叙述は文学革命により到達しえた成果を前面に出す形となった。これは言い換えれば、文学革命の成果を中国文学史へ位置づけるために、差異化を通じて、十分に認識されていた清末からの影響関係は後景へと影を潜めることになったのである。

第三節　「形式」と「内容」

文学革命の展開にあたって、その発火点たる胡適の独自性とされるのが八か条の提示である。第二章で考察したように、初めは留学日記に書かれていた条項が学友や陳独秀との議論を経て文学革命の八か条へと結実した。胡適の着眼点は旧文学が「形式」だけに縛られ、十分な「内容」をともなっていない点にあった。この点をふまえて、「形式」と「内容」の双方の条項を織り交ぜながら、胡適は文学革命の八か条を構築したのである。後に胡適は文学革命に向けた八か条が「形式」と「内容」の両面から着想したものであり、「形式」と「内容」を分けて二元論的に考えることはできないとした[35]。このような「形式」と「内容」の関係性を、ここでもヨーロッパの事例をふまえながら、「談新詩」（一九一九年十月）では以下のように記している[36]。

私は、文学革命の運動とは、古今東西、大概は「文の形式」の側面から手をつけて、まず話し言葉、文字、文体などの大いなる解放を要求するものであると常に説明してきた。三〇〇年前のヨーロッパ各国において、「国語」で書かれた文学がラテン文学にとってかわったとき、話し言葉、文字の大解放が行なわれた。例えば、十八から十九世紀フランスのユーゴー、イギリスのワーズワースなどが主張した文学改革は詩の言葉、文字の解放であった。加えて、ここ数十年来の西洋における詩の革命も言葉、文字、文体の解放を求めている。この中国における文学の革命運動でも、まず第一に話し言葉、文字、文体の解放を要求している。新文学での言葉は白話であり、新文学の文体は自由で、規律に縛られていない。一見すると、これらは「文の形式」一方面の問題のように思えるが、その見方は重要とは認めがたい。文の形式と内容は密接に関係しているのである。形式上の束縛があっては、精神が自由に発展せず、よい内容を十分に表現することはできない。新しい内容と精神へと到達するには、まず先に精神を束縛してきた足かせを打ちこわさなければならないのである。

胡適は「形式と内容は密接に関係し」、「形式上の束縛があっては、精神が自由に発展せず、よい内容を十分に表現することはできない」とした。すなわち、胡適は「形式」から「内容」へと順序性をつけて、「新しい内容と精神へと到達するには、まず先に精神を束縛してきた足かせを打ちこわさなければならない」と説いていたのである。胡適がこのように記したのも、「内容」がともなわないまま「形式」だけに縛られている旧文学の状態に鑑み、十分に「内容」のある新文学を建設する具体的な方策を示すためであった。

総じて、胡適による新文学の「形式」と「内容」に関する主張は八か条の形成過程とともに創出されたものであり、「形式」と「内容」の双方が一貫して保持されていたことがわかる。しかしながら、後に「形式」だけが取り出される形で胡適の文学論は厳しい批判にさらされることになる。では、そうした批判を受ける余地がいかなる点にあったのだろうか。以下の二点に理由があると考えられる。

第一に、「形式」に比べて、胡適の文学論では「内容」に対する具体的な言及がなされなかった点である。たしかに先にあげた胡適の八か条には「内容」についての条項が含まれ、「建設的文学革命論」において新文学は「内容」として社会問題を幅広く反映させるべきとしていた。しかし、沈国威の整理に拠れば、アメリカ留学時代の日記には史料考証を通じた文法の形式的側面についての論及が多くを占めていた。[37] アメリカ留学期に胡適が文法へ関心を寄せていたのは馬建忠による『馬氏文通』の影響が大きいと考えられる。『馬氏文通』はヨーロッパの言語学を取りいれつつ文法の体系化を試みたものであり、中国近代における文法学の創始と位置づけられるものである。アメリカ留学時代の胡適による一九一二年六月十二日の日記には『馬氏文通』の読書録が記されている。[38] この『馬氏文通』をふまえ、中国人留学生からなる東アメリカ学生会の一九一五年年次大会において、胡適は言語を教授するうえで文法はその近道となるため、文法を小学から大学まで必須の分野にするべきであると主張した。[39] 胡適は文法の必要性を唱えつつも、実際には文法の体系化のために必要な標点符号や「吾と我」など形式的側面に関する言及が多くを占めていた。その結果として、「常に『形式』への言及が多く、『内容』への言及が少ない、あるときは『形式』だけ言及し『内容』に及ばなかったため、『形式』を重んじ『内容』を軽んじている印象を与えてしまった」のである[40]。このように「形式」への言及が多かったのは、充実した「内容」をもつ新文学とするためには「形式」の解放から着手すべきとした胡適の方法論的特質に起因するものでもあった。一九二〇年代後半からはマルクス主義文芸理論の受容を背景に、階級性を組み込みながら新文学を構築していこうとする動きがみられた。こうした動きによって、「五四」解釈は「左傾化の色彩」を帯び[41]、胡適思想もそうした思想史的系譜のなかで「内容」に対する具体的な論及の欠如が批判の対象になっていったのである。

第二に、一九五〇年代の胡適批判が中国共産党による「思想改造」および「階級闘争」の一環として展開され、そうしたなかで「形式」だけが胡適の主張から取り出された点があげられる。中国共産党内で指導的立場を確立させた毛沢東は一九四〇年に「新民主主義論」、一九四三年に「在延安文芸座談会上的講話」を発表している。ここで示された「毛沢東の革命路線」は「知識人のあり方をさらに克服せんとする実践思想」として、人民共和国成立後の文芸政策を規定していくことになり、さらにこれら一九四〇年代初頭の毛沢東による論説が「自己批判」や「思想改造」といった人民共和国成立後の「知識人受難の歴史」を予感させるものであったことに留意しなければならない[42]。すなわち、一九五〇年代の胡適批判はこうした思想史的系譜において展開されたものなのである。一九五〇年段階では中国思想界における胡適思想の影響の大きさを改めるため、知識人を対象にした「思想改造」の一環として胡適が批判の対象となった。そして、一九五四年の兪平伯の紅楼夢研究に対する批判は知識人の受難をさらに深刻なものとさせるきっかけになった。毛沢東による一通の書信が発端となり、はじめは兪平伯の紅楼夢研究に対する「学術批判」であったのが、そこに「政治的批判」の要素が加わり、両者が混沌とする形で資産階級に対する徹底した政治運動へと化してしまったのである[43]。そうした系譜において、毛沢東に書信で直接名指しされ、兪平伯へ影響を与えているとされた胡適思想は激烈な「階級闘争」の一環として批判の対象になったのである。[44]その厳しい批判運動のなかで、「形式」だけが取り出され、胡適に対する批判の論点に仕立て上げられることになる。具体的にいえば、「形式」を優先させたものであるとして、その文学論は唯物論の原理に反するものであり、資産階級による反動的な唯心論と結びついた文学論であると論難されるに至ったのである。[45]

小結

本章では、胡適が清末の文学運動からどのような影響を受け、文学革命の展開にあたってその叙述がどのように変容したのかについて差異化の観点から考察してきた。

清末では従来の天下的世界観の崩壊とともに近代化が模索され始めた。日本留学の増加に加えて、多くの知識人が日本へと渡り、明治日本を媒介とした経路は「革命」の基盤形成にとって大きな役割を果たした。戊戌変法の頓挫によって梁啓超は日本へと亡命していた。学堂時代に胡適は梁啓超から影響を受け、アメリカ留学に至っても梁啓超の動向へ高い関心を寄せていた。『新青年』を拠点に胡適は文学革命の口火を切る存在となるが、ここでの「革命」とは梁啓超からの影響が大きいといえる。第一節でみたように、清末からの影響関係は東亜同文書院の清水董三のような同時代の調査研究によっても指摘されていたことである。

ただし、「建設的文学革命論」以降の展開にともなって、胡適は清末の文学運動と自らが牽引した文学革命の差異化をはかるようになる。胡適は梁啓超をはじめとした清末の文学運動を「古文の範囲内における革新運動」と評した。それに対して、文学革命では具体的な創作をともないながら「有意的な主張」を展開でき、「活」と「死」の対置関係を組み込むことで、「敵」なる古文を「死」へと追い込むことができたとみなした。ここでの「有意的な主張」とは、第二章で論じたエディス・シシェルによる『ルネサンス』の読後感にも記されていたものである。いわば、文学革命の独自性や成果を示すにあたっても、胡適の思想的基底をなしていたのはヨーロッパにおけるルネサンスの歴史的展開であったといえる。

ここで留意が必要なのは、胡適が自らの国語教育論において「古文」を「死」であると排除していなかった点である。前章で論じたように、胡適は「古文」の教材にとって「整理」が不可欠であるとしていた。胡適は文学革命を中国文学史に位置づけるために、「古文」を「死」へ追い込んだという成果をあげつつも、教育内容として完全に排除することはできないため、どのような「古文」が教材として適しているかを模索する必要があった。そこで、胡適は「整理国故」を援用し、「整理」された「古文」が教学上で重要なものになると論じた。「古文の範囲内」であったと清末との差異化を通じて、胡適は文学革命の到達点を示しつつも、「復興」として古典の再解釈を試み、採用すべき「古文」教材の条件を模索していたのである。こうした胡適による一連の議論も、マルクス主義文芸理論の受容を背景に、一九二〇年代後半から批判にさらされるようになる。一九五〇年代半ばには徹底した階級闘争によって激烈な批判運動が展開された。元の議論をたどれば、胡適自身は旧文学が「形式」だけに縛られ、十分な「内容」をともなっていないことを問題視していた。その結果として、胡適は「形式」への言及が多く、そのことが胡適による立論は唯物論の原理に反する形式主義的なものであるという批判の余地を与えてしまったのである。

【注】

（1）David Der-Wei Wang, *Fin-de-siecle splendor: Repressed Modernities of Late Qing Fiction, 1849-1911*（Stanford, California: Stanford University Press, 1997）.

（2）李孝悌「胡適與白話文運動的再評価—従清末的白話文談起」（『胡適與近代中國』時報文化出版企業有限公司、一九九一年、所収)。

(3) 胡全章、関愛和「晩清与〝五四〟従改良文言到改良白話」(『中国社会科学』二〇一八年第九期、所収)。

(4) 黄東蘭「明治期漢文中国史書物の歴史叙述」(廖欽彬、高木智見編『近代日本の中国学』國立臺灣大學出版中心、二〇一八年、所収)三十七頁。

(5) 陶徳民『日本における近代中国学の始まり—漢学の革新と同時代文化交渉—』(関西大学出版部、二〇一七年)六十七頁。

(6) 嵯峨隆「根津一の興亜思想について」(池田維、嵯峨隆、小山三郎、栗田尚弥編著『人物からたどる近代日中関係史』国書刊行会、二〇一九年、所収)五十九頁。この他にも、東亜同文書院の対外観については、翟新『東亜同文会と中国　近代日本における対外理念とその実践』(慶應義塾大学出版会、二〇〇一年)。

(7) 例えば、前掲書阿部洋『「対支文化事業」の研究—戦前期日中教育文化交流の展開と挫折—』、石田卓生『東亜同文書院の教育に関する多面的研究』(不二出版、二〇一九年)、黄福慶『近代日本在華文化及社会事業之研究』(中央研究院近代史研究所、一九八二年)。

(8) 石井知章「根岸佶と中国ギルドの研究」、三好章「東亜同文書院の二十世紀中国社会論—根岸佶を例として」(三好章編『アジアを見る眼—東亜同文書院の中国研究』あるむ、二〇一八年、所収)。

(9) 藤田佳久『東亜同文書院　中国大調査旅行の研究』(大明堂、二〇〇〇年)十五頁。Douglas R. Reynolds, (1986) 'Chinese Area Studies in Prewar China: Japan's Tōa Dōbun Shoin in Shanghai, 1900–1945'. *The Journal of Asian Studies*, 45 (5) , pp. 945-970では、地域研究の方法論としての先駆性が論じられている。

(10) 上海東亜同文書院『創立三十周年記念　東亜同文書院誌』(上海東亜同文書院、一九三〇年)七十八頁。

(11) 前注(10)。

(12) 前注(10)、八十一—八十二頁。

(13) 一九二二年二月の研究パンフレットには、「支那の国語統一問題」に加えて、尾崎金右衛門(第十七期生)による「支那の製鹽業」、小竹文夫(第十九期生)による「山西の雲崗と河南の龍門」が収められている。清水董三は一八九三年栃木県生まれ、東亜同文書院で学び、一九一五年には第十二期生として東亜同文書院を卒業している。一九一九年からは東亜同文書院教授、一九二九年には外務省へと赴き、外交官として中華民国を担当した。略歴は、川島真「清水董三」(中村義ら編『近代日中関係史人名辞典』東京堂出版、二〇一〇年、所収)三〇八—三〇九頁にみることができる。松田かの子は、清水董三による「支那の国語統一問題」を学内誌『華語月刊』に先んじたものであるとその先駆性を論じている。松田かの子「『華語月刊』と東亜同文書院の中国語教育」（『藝文研究』第八十八号、二〇〇五年、所収）一五〇―一五一、一五六頁。また、大原信一の研究では、当時の動向を「知るよすが」として、清水董三による「支那の国語統一問題」が部分的に紹介されている。前掲書大原信一『近代中国のことばと文字』、二〇〇―二〇三頁。

(14) 労乃宣については、楊鄧旗、靳明全『近代国語教育改革的先駆労乃宣』（山西人民出版社、二〇二〇年）。

(15) 労乃宣「簡字全譜」（『簡字譜録』文字改革出版社、一九五七年、所収）三四四頁。

(16) 丁文江、趙富田編、欧陽哲生整理『梁任公先生年譜長編（初稿）』（中華書局、二〇一〇年）四五四―四五五頁、以下では『梁年譜』とする。胡頌平『胡適之先生年譜長編初稿 増補版』（聯經出版公司、第一巻、二〇一五年）三二七―三二八頁、以下では『胡適年譜』とする。

(17) 『梁年譜』、四七五頁。『胡適年譜』、第二巻、四一九頁。

(18) 『梁年譜』、五〇二頁。『胡適年譜』、第二巻、四八三―四八四頁。梁啓超による「評胡適之中国哲学史大綱」は『飲冰室文集』（中華書局、一九三六年、第十三冊、所収）。この梁啓超の講評に対する胡適の応答と所感については、「十一、三、五（Sun.）」、「十一、三、六（M.）」（『胡適全集』第二十九巻、所収）。

(19) 『四十自述』（『胡適全集』第十八巻、所収）五十八―五十九頁。なかでも、胡適は梁啓超の『新民説』と『中国学術思想変遷之大勢』からの影響を特筆している。

(20) 齋藤希史『漢文脈の近代　清末＝明治の文学圏』（名古屋大学出版会、二〇〇五年）八十四頁。合わせて、齋藤希史は、「明治日本における『日本文学』の宣揚とも、同時代的連鎖をなしている」としている。

(21) 「十一月十日（星期）」（『胡適全集』第二十七巻、所収）二二二―二二三頁。

(22) 「送梅覲庄往哈佛大学詩」（『胡適全集』第二十八巻、所収）二六八頁。ここでは、「新潮之来不可止、文学革命其時矣」とある。「依韵和叔永戯贈詩」（『胡適全集』第二十八巻、所収）二七二頁。

(23) 王風「文学革命与国語運動之関係」（『世運推移与文章興替―中国近代文学論集』北京大学出版社、二〇一五年、所収）二一一頁。

(24) 例えば、小野川秀美『清末政治思想研究』（みすず書房、一九六九年）、佐藤慎一「『天演論』以前の進化論―清末知識人の歴史意識をめぐって―」（『思想』七九二号、一九九〇年、所収）、吉澤誠一郎「近代中国における進化論受容の多様性」（『メトロポリタン史学』第七号、二〇一一年、所収）。

(25) 佐藤慎一「梁啓超と社会進化論」（『法學』第五十九巻第六号、一九九六年、所収）では、梁啓超の社会進化論との接触を、（一）康有為の「三世進化」理論、（二）厳復の『天演論』、（三）亡命先の日本〔主として有賀長雄、加藤弘之など〕の三期に分けて、その受容過程の特質を考察している。そのうえで、梁啓超の著述は国内の政治改革、国際情勢、文学理論など広範囲に及び、社会進化論がその土台をなしたことから、梁啓超の言論活動を媒介に社会進化論が短期間で同時代の中国へ広まっていったとしている。明治日本における社会進化論の受容については、松本三之介『「利己」と他者のはざまで　近代日本における社会進化思想』（以文社、二〇一七年）。

（26）「歴史的文学観念論」（『胡適全集』第一巻、所収）三十―三十三頁。

（27）前掲論文村田雄二郎「「文白」の彼方に―近代中国における国語問題―」、十九頁。

（28）黎錦熙「国語文学史　代序」（『胡適全集』第十一巻、所収）二十―二十一頁。

（29）「五十年来中国之文学」（『胡適全集』第二巻、所収）二五九―二六〇、三二八―三二九頁。

（30）林少陽「近代中国の誤読した「明治」と不在の「江戸」―漢字圏の二つの言文一致運動との関連」（国文学研究資料館編『もう一つの日本文学史―室町・性愛・時間』勉誠出版、二〇一六年、所収）二二〇頁。

（31）杉田敦『境界線の政治学　増補版』（岩波書店、二〇一五年）十五頁。前掲書西川長夫『国民国家論の射程　あるいは〈国民〉という怪物について［増補版］』は、「文学史のイデオロギー性」について、「文学史に書きこまれる作家や作品と排除される作家や作品との境界線は、一国の文化的状況や力関係によって、たえず移動する」と論じている（五十八頁）。ここで西川が論じている「境界線」とは、胡適が清末との差異化をはかった叙述にあてはまるといえる。

（32）小野泰教「清末士人夫における二つの民認識について」（趙景達編『儒教的政治思想・文化と東アジアの近代』有志舎、二〇一八年、所収）。

（33）「『中国新文学大系・建設理論集』導言」（『胡適全集』第十二巻、所収）二六二頁。

（34）「復陳懋治」（『胡適全集』第二十三巻、所収）二七三頁。

（35）「『中国新文学大系・建設理論集』導言」（『胡適全集』第十二巻、所収）二八〇頁。

（36）「談新詩」（『胡適全集』第一巻、所収）一五九―一六〇頁。

（37）沈国威「〝形式〟与〝精神〟的拮抗―重読胡適《文学改良芻議》（一）」（『東アジア文化交渉研究』第六号、二〇一三年、所収）。

（38）「六月十二日（星一）」（『胡適全集』第二十七巻、所収）一四八頁。

（39）「如何可使吾国文言易于教授」（『胡適全集』第二十八巻、所収）二四七頁。

（40）前掲書羅志田『再造文明之夢　胡適伝〔修訂版〕』、一三五頁。

（41）欧陽哲生「被解釈的伝統―五四話語在現代中国」（『五四運動的歴史詮釈』北京大学出版社、二〇一二年、所収）、二五八頁。マ

ルクス主義文芸理論の受容については、中井政喜『一九二〇年代中国文芸批評論』（汲古書院、二〇〇五年）。対して、「国民党系文化潮流」に着目した研究として、阪口直樹『十五年戦争期の中国文学　国民党系文化潮流の視角から』（研文出版、一九九六年）がある。

（42）丸川哲史『魯迅と毛沢東　中国革命とモダニティ』（以文社、二〇一〇年）三十二、一五四頁。

（43）丸山昇『文化大革命に到る道　思想政策と知識人群像』（岩波書店、二〇〇一年）。兪平伯、祖父は考証学者の兪樾であり、紅楼夢研究は兪平伯が取り組んだ古典文学研究を代表するものである。

（44）大澤肇「現代中国における大学と政治権力―一九四九～一九五五―」（『史潮』八十号、二〇一六年、所収）。また、金達凱『中共批判胡適思想研究』（自由出版社、一九五六年）二十―二十二頁。金達凱の『中共批判胡適思想研究』は胡適批判に対する同時代的な分析として、その内実を詳細に伝えてくれている。

（45）前掲書『胡適思想批判（論文彙編）』のなかで「形式」を胡適批判の論点としているものとして、第二輯には林淡秋「胡適的文学観批判」、第五輯には王瑶「批判胡適的反動文学思想―形式主義與自然主義」、第六輯には褚斌傑「胡適文学史観批判―論胡適〝白話文学史〟」、何其芳「胡適文学史観点批判」。この論文集は全八輯あるなかでも、文学関係の批判論文がその多数を占めている。

終章

本書では、口語文学の確立を目ざす文学革命の口火を切った存在として著名な胡適を取りあげ、「国語科」創成の歴史的過程で果たした役割を論じてきた。文学革命では「白話」が文学の書き言葉として再評価された。『新青年』を拠点に運動が進むにつれて、「白話」を再評価する動きは次第に「国語」の創成へとつながっていった。

難解な文語から脱却し、現地語としての口語の再評価を通じて「国語」を創りあげ、学校教育へと位置づけようとする動きは世界史的にみられたことである。「国語」の創成に向けた論議が論壇でたちあがり、次第に文芸界で創作が積み上げられ、学校教育における国語教育の必要性へと議論が展開されていく。この歴史的過程は、言語の共有化という点において、近代国民国家の建設とも密接に関連していた。近代東アジアでは、十九世紀末の明治日本において「国語」が新たな言語的規範として模索され始めた。ヨーロッパ留学から帰国した上田万年に代表される形で国語論議が展開され、文芸界でも多くの創作がなされていった。そして、国語教育については、次第にその重要性が認識されるようになり、一九〇〇年に「読書」、「作文」、「習字」を統合する形で「国語科」となった。ここで着目したいのは、先にあげた上田万年自身が国語教育の議論で大きな役割を果たした人物として伊澤修二に言及している点である。伊澤は自らの国家主義的な教育論をもとに「国語」の重要性を認識していた。さらに、伊澤の国語教育論は中国語学の研究上における思想交流を通じて、近代的な「国語」意識が清末へと連鎖していくことになる。この連鎖は「国語」の創成に向けた議論を基礎づけ、清末でも新文学の創作や国語教育の必要性が主張されていく。本書で中心的に検討してきた胡適もこうした清末の思想空間で学堂時代を過ごし、アメリカ留学中に寄稿した「文学改良芻議」が反響をもって論壇に迎え入れられた。

胡適と国語教育改革

本書の総括として、「国語科」創成へと至る歴史的過程の胡適の思想的営為について、下記の三点から展望したい。

第一に、清末との関係において、胡適の思想的営為がどのように位置づくのかという点である。先にあげたように、胡適は清末で学堂時代を過ごし、アメリカ留学の地にあっても本国の動向に関心を寄せ、学友とも熱心に議論を展開させていた。『新青年』を主宰していた陳独秀の知遇を得て、書信のやりとりを通じて文学革命の八か条が形成され、「文学改良芻議」は文学革命の口火を切る存在となった。胡適が反響をもって迎え入れられたのは、八か条という形で個別具体的に条項を示し、「文言」と「白話」に「活」と「死」の対置関係を組み込んだからであるといえる。八か条にある「言之有物」は清末を代表する桐城派からのものであり、進化論の援用も梁啓超が先んじて展開していたものである。東亜同文書院の清水董三のような同時代の調査研究でも清末からの影響関係が指摘されていた。当初は胡適自身もこうした清末からの影響関係を十分に認識していた。しかし、文学革命が進展するにあたって、胡適は清末の諸運動との差異化をはかるようになっていく。ここでの差異化とは文学革命の成果を中国文学史へ位置づけるためでもあった。こうして胡適は新文学を牽引する知識人として特筆されることになる。ただし、胡適は文学革命の正統性を構築するだけではなく、同時に古典の体系化を試みていたことに留意しなければならない。

その代表的業績といえるのが「整理国故」であり、反伝統としての儒教批判を背景としながら、中国にとってより意義のある古代哲学の歴史的文脈を再発掘しようとしたのである。この思想的営為は、序章で述べたホブズボームのいう「伝統の創造」にあたり、「近代主義と歴史主義の接点」を示そうとしたものであるとよみとれる。本書で論じてきた胡適は清末から五四時期にあって、口語文を基調とした新文学、そして「国語科」の創成を模索すると同時に、前近代と近代の狭間にあったことから、その接点となる古典の体系化も自らの研究プロジェクトとして取り組んでいたのである。

第二に、文学革命から「国語科」創成へと至るまで、胡適の思想的営為がどのような役割を果たしていたのかという点である。欧米や明治日本をみても、国語論議は言語の共有化という点において学校教育とも密接にかかわっていた。近代的な「国語」意識の連鎖を経て、清末の国語統一運動でも実用的な教育の必要性が主張された。胡適は学堂時代からアメリカ留学にかけて、自らの文学論を育み、文学革命の口火を切る存在となった。アメリカ留学からの帰国にあたって、エディス・シシェルの『ルネサンス』にふれたことにより、胡適の立論に「国語」の要素が加わることになる。ルネサンス史から着想を得て、胡適は創作を通じた文学的価値のある「国語」の重要性を説いた。それを端的に表したのが「建設的文学革命論」における「国語的文学・文学的国語」であるといえる。「建設的文学革命論」以後、胡適は自らの国語教育論を展開するようになった。その国語教育論とは、低学年から口語文を基調とした国語教育を順次実施していき、学年段階にそって「古文」の学習へと進むべきというものであった。これらの点は学界や教育界に広く受け入れられ、胡適が実際に名を連ねた国語統一籌備会や全国教育会連合会での議決と相まって、最終的には一九二〇年の国語教科書編纂や一九二三年の「国語科」創成へと結実していった。胡適は、第八回全国教育会連合会のもとに設けられた新学制課程標準起草委員会において、カリキュラム構造全体を統括する公選委員とともに、高級中学の「国語科」の編成も担当した。教育内容として「古文」を「国語科」に位置づけるにあたって、初級中学を軸に学年段階にそって「古文」の学習へと進み、「整理」された「古文」が教材として適していると明記された。ここでの「整理」とは先述した「整理国故」によるところが大きく、自らの研究を国語教育論へと組み込み、最終的には実際の「国語科」にも反映されるに至ったのである。

第三に、アメリカ留学時代に師事したデューイと、胡適の思想的営為はどのような関係にあったのかという点である。デューイが生まれた年は、偶然にもダーウィンによる『種の起源』出版と同年であった。胡適も清末の学堂時代を通じて進化論にふれており、考証学的背景をもってデューイへと接近していった。アメリカ留学において、胡適は文学革命を学友と熱心に議論し、「白話」を達意の「工具」として見出した。これは道具主義的な言語論をとっていたデューイと共通するものであるといえる。ただし、胡適自身は留学当初からデューイの思想的影響にあまり自覚的ではなかった。それが五四時期におけるマルクス主義との論争関係の深まりによって大きく転換することになる。胡適は李大釗と「問題と主義」論争を展開し、「方法盲」や「目的熱」に陥っている主義ではなく、個別具体的な問題の研究に時間を割くべきであると主張した。こうした五四時期の思想状況によって、胡適はデューイからの影響として「方法」に重要性を求め、その結果として「実験主義の信徒」という自覚をもつに至ったのである。従来の研究史では壬戌学制はアメリカからの影響が大きいと指摘されてきたが、その制度設計の中核にあった胡適はまさしく同時期に自らがおかれた思想状況によってデューイからの思想的影響を自覚的なものとしていったのである。

ここで忘れてはならないのは、デューイ自身も五四時期の中国を直接に体験していたという点である。デューイは日本滞在を経て中国を訪問し、到着の数日後に北京で五四運動が起きた。デューイ訪中はコロンビア大学での教え子たちが中心となって準備したため、基本的にデューイは教授する側にあった(1)。しかし、五四運動という大きな社会変動、進展しつつあった文学革命を目の前にして、デューイはその情勢をエッセイとしてアメリカの雑誌に多数寄稿していた。デューイにとって、運動の主体であるヤングチャイナには自発性があり、学校教育を通じた新しい道徳的意識の芽生えそのものであった[2]。さらに、デューイはヤングチャイナが文学革命に注力して、国語教育改革も進展していることをふまえ、一九二〇年の国語教科書についての議決は中国にとって教育の一大進歩であり、満洲王朝崩壊よりも意義があると記録されるであろうと評した。巻末の【参考資料4】に示したように、デューイはまさしく目の前にある中国情勢をアメリカ社会へ伝える役割を担っていたのである。胡適とデューイは受容史の関係で論じられてきたが、それだけではなく、国際的な視座からみた中国論というデューイ自身にとっての中国体験の意義をみてとることができるのである。

以上のように、胡適は文学革命の推進のみならず、自らの知を総動員しながら「国語科」創成の起点となる役割を果たした。教育との関連において、胡適の功績としては北京大学教授や中央研究院院長など学術研究の面を連想しやすい。本書でみてきた「国語科」創成へと至る胡適の模索と実践にも教育学として評価すべき点を見出すことができよう。

「国語」の思想史

本書では、胡適の思想史的意義を克明にする過程で、「国語」の連鎖についても検討してきた。十九世紀末の明治日本で近代的な「国語」意識が模索され始め、第一章でみてきたように、伊澤修二との会談が基軸となって清末にも連鎖していった。清末から民国初期にかけて、近代的な「国語」意識はどのように位置づいていったのか。

まず呉汝綸の日本教育視察を経て、一九〇四年の奏定学堂章程では各学堂で「官話」を学ぶと明記された。ここでの「官話」とは科挙の官僚システムをもとにしたものである。これが民国期に入ると、「国語」が教育行政上の取り組む課題として浮上してきた。教育部でも附属の審議会が設置され、国語統一運動と文学革命の合流とも相まって、「国語」の創成が大きな関心事となっていった。胡適は、第四章でみたように、「国語」の中核的構成要素として、東三省から四川、雲南、貴州まで、長城から長江流域で流通している大同小異の共通語をすえるとした。後の『中国新文学大系・建設理論集』の序言（一九三五年）では、全国に大同小異の「官話」があり、その区域は満洲から雲南まで、河套から桂林まで、丹陽から川辺まで及んでいたことから、我々は「国語」問題に着手することができたと胡適は記している。(3)

清末から民国期へと、マクロな視点でみれば、「官話」から「国語」へという歴史的過程をみることができる。一九〇四年の奏定学堂章程では、「官話」が学習内容として明記され、練習にあたっては『聖諭廣訓直解』が標準とされた。これは科挙を背景とした清朝の論理に明治日本からの思想連鎖が加わった形となっている。そのうえで、上記の胡適による指摘をみると、「国語」の中核的構成要素にすえようとしていたものは「官話」そのものに近似していたことに気づかされる。さらに、胡適は「官話」の流通という歴史的な蓄積があったことから、「国語」問題に取り組むことができたとまで記している。いわば、民国期に浮上してきた「国語」にも科挙の官僚システムを背景とした論理が残存していることになる。「国語」の創成にあたって残存してしまった「官話」の論理は、どのような課題をはらんでいたのであろうか。

ここで鍵となるのが科挙の有無である。日本では科挙は存在せず、江戸思想史研究が指摘するように、当該の時代には商業出版が確立され、藩校や寺子屋などの教育システムによって裾野の広い文字社会が形成されていた。(4)これと対照的であったのが中国である。本書でみてきた「国語科」をもってして、口語文を基調としたものへ完全におきかわったとは言い難い。平田昌司に拠れば、「目の文学革命」に限られており、音声面での「耳の文学革命」とするためには一九二〇年代半ば以降の近代演劇、ラジオ放送、トーキー映画といった音声メディアの登場を待たなければならなかった。(5)これに加えて、実際に「国語科」を展開するうえでは識字問題が実践的な課題として指摘された。一説によれば、一九二〇年代当時の非識字率は約八十％もあったとされている。[6] 実際に、同時期を代表する教育雑誌『中華教育界』でも、余家菊が「国語科」の効率のためには識字問題から研究すべきであると主張していた。[7] 前近代から近代への狭間において、中国では文字社会としての裾野の狭さおよびその分断性が課題としてあり、新たな言語的規範として創成された「国語」も「官話」の論理が残存し、広く「国民」を想定した包括的なものとは言い難いものであった。

これらの課題を克服するため、一九二〇年代後半以降はマルクス主義文芸理論の受容を背景に、階級性を組み込んだ議論の構築が模索されるようになる。一九二〇年代後半の「大衆語論争」も、本書でみてきた「国語」が広く「大衆」を意識したものでなかった故の論争であると位置づけることができる。さらに、識字率向上にあたっては、各所で教育運動が展開された。一九四一年段階でも、竹内好は「国民の過半数が文盲である現状はやはり近代国家にはふさわしくないであろう」として、「国民教育の普及と並んで『識字運動』というのがあり、文盲退治は政府でも民間でも重要な教育の方策になっている」と記している。[8] 人民共和国成立後は簡体字化およびピンイン表記が制度化された。識字の妨げになっていた漢字の難解さによって、漢字全廃論が根強く存在し、当初は簡体字もピンインにおきかわることが想定されていたけれども、現在ではピンインは発音記号として落ち着いている。この系譜において、人民共和国では共通語として「普通話」、科目名として「語文」が用いられ、今日に至っている。これに対して、「国語」の思想史的系譜は現代台湾へと連なっている。国共内戦の後に、国民党政権が台湾に移ったことで、「国語」が「脱日本化」、「中国化」の論理をもってして持ち込まれた。[9] 今日の台湾においても、「国語」は序章であげた「十二年国民基本教育課程綱要」にも位置づけられている。こうして「国語」の思想史は今日の台湾にあり、そのカリキュラムの淵源として胡適の思想的模索を見出すことができるのである。

今後の課題

「国語」の思想史にみたように、胡適の思想的営為も台湾へと連なっていく。その接点となったのが中央研究院であり、一九五八年の院長就任にともなってアメリカから台湾へ赴くことになる。中央研究院は南京国民政府の教育行政改革にともなって創設された「最高学術研究機関」である。(10)胡適は歴史語言研究所の特別研究員、評議会の評議員、人文系の院士などの職を歴任し、中央研究院とは創設当初から密接な関係にあった。(11)こうした中央研究院との密接な関係性は胡適自身も十分に認識しており、そのことは一九五八年四月中央研究院院長就任講演の「中央研究院とは設立当初から親しみ深い関係であり、多年の交友が心血を注いでつくりあげた結晶そのものである」という言葉にあらわれている。(12)この台湾と胡適の関係性という観点から、今後の課題として下記の二点を記しておきたい。

第一に、自由主義の源流としての胡適思想である。一九五八年の院長就任にあたって構内に院長邸宅が設けられ、現在は院長邸宅と別棟の展示室からなる「胡適紀念館」として保存されている（口絵1）。胡適院長時代にはアメリカとの学術交流など国際的に開かれた研究環境の整備が進められ、台北へと移った中央研究院の基盤構築に重要な役割を果たしたといえる。こうした功績と相まって、一九六二年二月逝去後に、中央研究院の真向かいにある小高い丘に胡適の墓園が築かれた。(13)現在では、緑豊かな「胡適公園」として整備されている（口絵2）。しかしながら、胡適の告別式の後において、蔣介石は「胡適の死は、革命事業と民族復興の建国思想からいえば、その障害が取り除かれたことを意味する」と記していたという。(14)この背景には自由主義の思想をめぐる対立があり、その対立を決定的にしたのが一九六〇年の雷震事件である。この事件によって雑誌『自由中国』は廃刊処分となり、主宰していた雷震は投獄されることになった。(15)今日では、台湾と香港の自由主義思想を論じるうえで、胡適はその源流と位置づけられる知識人の一員となっている。胡適思想の命脈は中央研究院を接点として台湾へと連なっていった。普遍的価値として語られる「自由」と「民主」をめぐって、胡適の思想的営為は今日の私たちに多くのことを問いかけている。自由主義としての胡適思想の意義をみつめると同時に、殷海光、雷震をはじめとした外省系知識人との関係性をみつめることは、今日の「自由」と「民主」を歴史的に深く議論するうえで重要なことになるであろう。

第二に、台湾へと連なる新教育運動の系譜である。本書でみてきたように五四時期には、胡適などアメリカ留学経験者によってアメリカ新教育運動の思想がもたらされ、デューイなどアメリカを代表する教育学者が相次いで訪中した。例えば、キルパトリックのプロジェクト・メソッドも当該時期に紹介され、各地の学校で実践された。ただし、長谷川豊の分析にあるように、学校教育の未普及や地域実態との乖離などから、一九三〇年代には下火になっていく[16]。アメリカ新教育運動の影響はここで途切れているようにも感じられる。しかしながら、その思想史的系譜は途切れることなく、「時間的連続」をもって一九五〇年代台湾に受け継がれていく。実際に、胡適も晩年台湾の地でデューイについての講演をしている[17]。また、教育部が主導する形で「生活中心教育」をはじめとした中等教育のカリキュラム改造が試みられていた[18]。このカリキュラム改造を担ったのは一九二〇年代後半から一九三〇年代にアメリカへ留学し、キルパトリックの教えを受け、「八年研究」を実際に目にしてきた留学経験者たちであった。今後は台湾カリキュラム史研究として、キルパトリック教育思想が台湾へとどのように継承され、その思想的基底をもとにカリキュラム改造がどのように展開されたのかについて迫っていきたい。この視座はまさしく「空間的断絶」と「時間的連続」をふまえた台湾カリキュラム史の系譜を映し出そうとしたものであるといえる。

【注】

（1）例えば、Jessica Ching-Sze Wang, *John Dewey in China: To Teach and To Learn*（Albany: State University of New York Press, 2007）。John Dewey, *Impressions of Soviet Russia and the revolutionary world, Mexico, China, Turkey*（New York: New Republic, 1929）でも、デューイの中国滞在中の著述をみることができる。デューイが歴訪した中国、トルコ、メキシコについては、市川博「中国にお

けるプラグマティズム教育思想導入期の民族の課題意識　ジョン・デューイの中国教育認識と関連させて」（『日本の教育史学』第十三号、一九七〇年、所収）、早川操「デューイが見た異文化における人間と教育―一九二〇年代初期デューイの中国観」（『日本デューイ学会紀要』第四十八号、二〇〇七年、所収）、同「デューイによる日本のデモクラシー批判―一九二〇年代の日中関係から見た日本の政治的文化的課題」（『日本デューイ学会紀要』第五十号、二〇〇九年、所収）、同「二十世紀初期メキシコ・トルコ・中国における学校教育の役割―デューイが見た革命的世界の学校・教育・文化」（『中等教育研究センター紀要』第十号、二〇一〇年、所収）、Jeremy Cole,（2014）'Democracy exported, history expunged: John Dewey's trip to Turkey and the challenge of building 'civilised' nations for democratic life'. *History of Education*, 43(4), pp. 504-523' Selahattin Turan,（2000）'John Dewey's Report of 1924 and his recommendations on the Turkish educational system revisited'. *History of Education*, 29 (6), pp. 543-555 に詳しい。

（2）「ヤングチャイナ」の考察については、Song Mingwei, *Young China: National rejuvenation and the bildungsroman, 1900-1959* (Cambridge: Harvard University Press, 2015)。

（3）「『中国新文学大系・建設理論集』導言」（『胡適全集』第十二巻、所収）二七七頁。

（4）例えば、木村政伸「民衆が文字を書き読む近世社会の特質―文字社会の視点から―」（『教育学研究』第八十六巻第四号、二〇一九年、所収）、辻本雅史『思想と教育のメディア史　近世日本の知の伝達』（ぺりかん社、二〇一一年）、前田勉『江戸教育思想史研究』（思文閣出版、二〇一六年）。

（5）前掲論文平田昌司「目の文学革命・耳の文学革命―一九二〇年代中国における聴覚メディアと「国語」の実験―」、七十七、八十四―九十一頁。

（6）大原信一『中国の識字運動』（東方書店、一九九七年）、小林善文『中国近代教育の普及と改革に関する研究』（汲古書院、二〇〇二年）。

（7）余家菊「国語科底幾個問題」（『中華教育界』第十巻第十二期、一九二一年六月、所収）一―二頁。

（8）前掲論文竹内好「支那の国語運動」、二三六頁。

（9）菅野敦志『台湾の言語と文字　「国語」・「方言」・「文字改革」』（勁草書房、二〇一二年）、中川仁『戦後台湾の言語政策　北京語同化政策と多言語主義』（東方書店、二〇〇九年）、黄英哲『「去日本化」「再中国化」戦後台湾文化重建（修訂版）』（麥田出版、二〇一七年）。

（10）「中央研究院組織法」（多賀秋五郎『近代中国教育史資料　民国編中』日本学術振興会、一九七四年、『教育部公報』所収）五三一頁。

(11)欧陽哲生「胡適与中研院史語所」(『新文化的伝統―五四人物与思想研究』広東人民出版社、二〇〇四年、所収)三三二頁。

(12)『胡適年譜』、第七巻、二六五九頁。

(13)胡適の墓園設計に関するオーラル・ヒストリーは、荘茹蘭、李朝順(訪問)、荘茹蘭、鄭鳳凰(記録)「胡適墓園設計者　高而潘先生訪問記録」(『口述記録』第十四期、二〇一六年十月、所収)。

(14)呂芳上主編『蔣中正先生年譜長編』(第十一巻、国史館、二〇一五年、所収)五三九―五四〇、五四二頁。胡適と蔣介石の関係については、任育徳『胡適晩年学恩與行止研究(一九四八―一九六二)』(稲郷出版社、二〇一八年)。

(15)雷震の体系的な評伝として、薛化元『民主的浪漫之路―雷震傳』(遠流、二〇二〇年)がある。近年における自由主義思想の研究蓄積については、小野泰教「文化と思想」(川島真、中村元哉編著『中華民国史研究の動向―中国と日本の中国近代史理解―』晃洋書房、二〇一九年、所収)による整理がある。

(16)長谷川豊「一九二〇年代中国における教育方法改革―プロジェクト・メソッドの受容過程にみる」(『アジア教育史研究』第四号、一九九五年、所収)。

(17)「杜威在中国」(潘光哲主編『胡適全集　胡適時論集八』中央研究院近代史研究所、二〇一八年、所収)。二〇一八年から中央研究院近代史研究所で刊行されている『胡適全集』には胡適が晩年の台湾時代に書いた論考も収録されている。

(18)単文経「論革新課程実験之難成」(『教育研究集刊』第五十輯第一期、二〇〇四年、所収)、楊智穎『課程史研究』(学富文化、二〇一五年)、鄭玉卿「戦後「教育即生活」理念在台湾的実験―以台北成功中学的課程為例」(『教育資料與研究』第一〇四期、二〇一二年、所収)、朱淑芳「「生活中心教育」社会科合科教学実験及其中的地理課」(『中国地理学会会刊』第二十二期、一九九四年)。

参考文献

【和文】（五十音順）

阿部洋『中国の近代教育と明治日本』（福村出版、一九九〇年）。

阿部洋『「対支文化事業」の研究―戦前期日中教育文化交流の展開と挫折』（汲古書院、二〇〇四年）。

飯田敏雄（訳）、エディス・シシェル『イタリー及び北欧に於けるルネサンス』（昭南書房、一九四四年）。

家近亮子『蔣介石と南京国民政府　中国国民党の権力浸透に関する分析』（慶應義塾大学出版会、二〇〇二年）。

家永真幸『国宝の政治史　「中国」の故宮とパンダ』（東京大学出版会、二〇一七年）。

伊澤修二「国語問題に就て（上田博士の説を駁す）」（『教育学術界』第十一巻第六号、一九〇五年、所収）。

伊澤修二「我が国語の為め上田文学博士に與ふ」（『国学院雑誌』第十一巻第十二号、一九〇五年、所収）。

石井剛『戴震と中国近代哲学　漢学から哲学へ』（知泉書館、二〇一四年）。

石井知章「根岸佶と中国ギルドの研究」（三好章編『アジアを見る眼―東亜同文書院の中国研究』あるむ、二〇一八年、所収）。

石川禎浩「李大釗のマルクス主義受容」（『思想』第八〇三号、一九九一年、所収）。

石田卓生『東亜同文書院の教育に関する多面的研究』（不二出版、二〇一九年）。

市川博「中国におけるプラグマティズム教育思想導入期の民族の課題意識　ジョン・デューイの中国教育認識と関連させて」（『日本の教育史学』第十三号、一九七〇年、所収）。

一見真理子「一九二〇年代中国における児童中心主義の教育―陳鶴琴の幼児教育実践を中心に」（『日本の教育史学』第二十六集、一九八三年、所収）。

今井航『中国近代における六・三・三制の導入過程』（九州大学出版会、二〇一〇年）。

イ・ヨンスク『「国語」という思想　近代日本の言語認識』（岩波書店、一九九六年）。

上田万年『国語のため』（冨山房、一八九七年）。

汪婉『清末中国対日教育視察の研究』（汲古書院、一九九八年）。

區建英「中国のナショナリズム形成―日清戦争後の移り変わりと辛亥革命―」（『新潟国際情報大学情報文化学部紀要』第十二号、二〇〇九年、所収）。

大澤肇、今井航、小川唯、小野寺史郎、戸部健「『中華教育界』記事目録」（『近代中国研究彙報』第三十二号、二〇一〇年、所収）。

大澤肇「現代中国における大学と政治権力―一九四九～一九五五―」（『史潮』八十号、二〇一六年、所収）。

大島正二『中国言語学史　増訂版』（汲古書院、一九九八年）。

大島正二『漢字と中国人―文化史をよみとく―』（岩波書店、二〇〇三年）。

大橋義武「一九二〇年代の国語教育思想と白話小説」（『年報地域文化研究』第十五号、二〇一一年、所収）。

大原信一『近代中国のことばと文字』（東方書店、一九九四年）。

大原信一『中国の識字運動』（東方書店、一九九七年）。

小笠原拓『近代日本における「国語科」の成立過程　「国語科」という枠組みの発見とその意義』（学文社、二〇〇四年）。

岡本隆司『馬建忠の中国近代』（京都大学学術出版会、二〇〇七年）。

小熊英二『〈日本人〉の境界―沖縄・アイヌ・台湾・朝鮮　植民地支配から復帰運動まで』（新曜社、一九九八年）。

長志珠絵『近代日本と国語ナショナリズム』（吉川弘文館、一九九八年）。

小野泰教「清末士大夫における二つの民認識について」（趙景達編『儒教的政治思想・文化と東アジアの近代』有志舎、二〇一八年、所収）。

小野泰教「文化と思想」（川島真、中村元哉編著『中華民国史研究の動向―中国と日本の中国近代史理解―』晃洋書房、二〇一九年、所収）。

小野川秀美『清末政治思想研究』（みすず書房、一九六九年）。

小野寺史郎『国旗・国歌・国慶―ナショナリズムとシンボルの中国近代史』（東京大学出版会、二〇一一年）。

甲斐雄一郎『国語科の成立』（東洋館出版社、二〇〇八年）。

金子肇『近代中国の中央と地方―民国前期の国家統合と行財政―』（汲古書院、二〇〇八年）。

金子肇「政治制度の変遷と中央・地方関係」（飯島渉、久保亨、村田雄二郎編『シリーズ二十世紀中国史二　近代性の構造』東京大学出版会、二〇〇九年、所収）。

金子肇『近代中国の国会と憲政―議会専制の系譜―』（有志舎、二〇一九年）。

上沼八郎『伊澤修二　新装版』（吉川弘文館、一九八八年）。

柄谷行人『日本近代文学の起源　原本』（講談社、二〇〇九年）。

川島真「清水董三」（中村義ら編『近代日中関係史人名辞典』東京堂出版、二〇一〇年、所収）。

川尻文彦「陶行知とデューイの訪中―民国初期中国教育史の一側面」（森時彦編『二十世紀中国の社会システム』京都大学人文科学研究所、二〇〇九年、所収）。

川尻文彦『清末思想研究―東西文明が交錯する思想空間』（汲古書院、二〇二一年）。

河原清志『翻訳等価再考　翻訳の言語・社会・思想』（晃洋書房、二〇一七年）。

木村政伸「民衆が文字を書き読む近世社会の特質―文字社会の視点から―」（『教育学研究』第八十六巻第四号、二〇一九年、所収）。

厳安生『日本留学精神史　近代中国知識人の軌跡』（岩波書店、一九九一年）。

黄興濤、小野寺史郎訳「近代中国ナショナリズムの感情・思想・運動」（飯島渉、久保亨、村田雄二郎編『シリーズ二十世紀中国史一　中華世界と近代』東京大学出版会、二〇〇九年、所収）。

黄東蘭「明治期漢文中国史書物の歴史叙述」（廖欽彬、高木智見編『近代日本の中国学』國立臺灣大學出版中心、二〇一八年、所収）。

小国喜弘『戦後教育のなかの〈国民〉　乱反射するナショナリズム』（吉川弘文館、二〇〇七年）。

小林文男「近代の覚醒と「五四」―胡適とそのプラグマティズムの役割をめぐって―」（東亜文化研究所紀要編集委員会編『中国近代化の史的展望』財団法人霞山会、一九八二年、所収）。

小林善文『中国近代教育の普及と改革に関する研究』（汲古書院、二〇〇二年）。

駒込武『植民地帝国日本の文化統合』（岩波書店、一九九六年）。

近藤孝弘『国際歴史教科書対話　ヨーロッパにおける「過去」の再編』（中央公論社、一九九八年）。

斎藤秋男『陶行知生活教育理論の形成』（明治図書、一九八三年）。

斎藤秋男、市川博『中国教育史』（講談社、一九七五年）。

齋藤希史『漢文脈の近代　清末＝明治の文学圏』（名古屋大学出版会、二〇〇五年）。

齋藤希史『漢字世界の地平　私たちにとって文字とは何か』（新潮社、二〇一四年）。

嵯峨隆「根津一の興亜思想について」（池田維、嵯峨隆、小山三郎、栗田尚弥編著『人物からたどる近代日中関係史』国書刊行会、二〇一九年、所収）。

阪口直樹『十五年戦争期の中国文学　国民党系文化潮流の視角から』（研文出版、一九九六年）。

阪口直樹「反〝俗〟の文学集団―学衡派」（『同志社商学』第五十四巻第一・二・三号、二〇〇二年、所収）。

坂元ひろ子『連鎖する中国近代の〝知〟』（研文出版、二〇〇九年）。

佐藤公彦（訳）、ジェローム・B・グリーダー『胡適　一八九一―一九六二―中国革命の中のリベラリズム』（藤原書店、二〇一七年）。

佐藤公彦『駐米大使胡適の「真珠湾への道」　その抗日戦争と対米外交』（御茶の水書房、二〇二二年）。

佐藤慎一「『天演論』以前の進化論―清末知識人の歴史意識をめぐって―」（『思想』七九二号、一九九〇年、所収）。

佐藤慎一「梁啓超と社会進化論」（『法學』第五十九巻第六号、一九九六年、所収）。

佐藤慎一「歴史の変革と歴史学の変革―中国史解釈をめぐる民国期の論争について―」（『中国哲学研究』第二十四号、二〇〇九年、所収)。

佐藤豊「梁啓超の功利主義思想と明治思想」(小林武、佐藤豊『清末功利思想と日本』研文出版、二〇一一年、所収)。

さねとうけいしゅう『増補 中国人日本留学史』(くろしお出版、一九七〇年)。

塩川伸明『民族とネイション—ナショナリズムという難問』(岩波書店、二〇〇八年)。

信濃教育会編『伊澤修二選集』(信濃教育会、一九五八年)。

清水賢一郎「革命と恋愛のユートピア—胡適の〈イプセン主義〉と工読互助団」(『中国研究月報』第五七三号、一九九五年、所収)。

清水賢一郎「胡適「健全なる個人主義」を貫いたリベラリスト」(佐藤慎一編『近代中国の思索者たち』大修館書店、一九九八年、所収)。

清水董三「支那の国語統一問題」(『研究パンフレット』東亜同文書院支那研究部、一九二二年、所収)。

上海東亜同文書院『創立三十周年記念 東亜同文書院誌』(上海東亜同文書院、一九三〇年)。

周一川『近代中国人日本留学の社会史 昭和前期を中心に』(東信堂、二〇二〇年)。

朱鵬『中国近代教育の成立 清末民初の「新学」の解明』(松籟社、二〇二一年)。

章清、森川裕貫(訳)「胡適とデューイ—その師弟関係から見える中国近代思想の一齣」(趙景達、原田敬一、村田雄二郎、安田常雄編『講座東アジアの知識人三 「社会」の発見と変容』有志舎、二〇一三年、所収)。

沈国威『改訂新版新装版 近代日中語彙交流史 新漢語の生成と受容』(笠間書院、二〇一七年)。

菅野敦志『台湾の言語と文字 「国語」・「方言」・「文字改革」』(勁草書房、二〇一二年)。

杉田敦『境界線の政治学 増補版』(岩波書店、二〇一五年)。

杉村美紀「アジアにおける留学生政策と留学生移動」(『アジア研究』第五十四巻第四号、二〇〇八年、所収)。

世良正浩「壬戌学制と北京政府—「学校系統改革案」制定過程の考察を中心として—」(『人間の発達と教育』第十一号、二〇一五年、所収)。

田浦武雄『デューイとその時代』（玉川大学出版部、一九八四年）。

多賀秋五郎『近代中国教育史資料　清末編』（日本学術振興会、一九七二年）。

多賀秋五郎『近代中国教育史資料　民国編上』（日本学術振興会、一九七三年）。

多賀秋五郎『近代中国教育史資料　民国編中』（日本学術振興会、一九七四年）。

高田幸男「教育史」（野澤豊編『日本の中華民国史研究』汲古書院、一九九五年、所収）。

高田幸男「近代教育と社会変容」（飯島渉、久保亨、村田雄二郎編『シリーズ二十世紀中国史二　近代性の構造』東京大学出版会、二〇〇九年、所収）。

竹内好「胡適とデューイ」（鶴見和子『デューイ研究』春秋社、一九五二年、所収）。

竹内好「伊澤修二のこと」（『竹内好全集』第十四巻、筑摩書房、一九八一年、所収）。

竹内好「支那の国語運動」（『竹内好全集』第十四巻、筑摩書房、一九八一年、所収）。

田中克彦『ことばと国家』（岩波書店、一九八一年）。

田中友香理『〈優勝劣敗〉と明治国家　加藤弘之の社会進化論』（ぺりかん社、二〇一九年）。

多和田真理子「上田万年における作文教育論と言語観の展開―『作文教授法』の分析を中心に―」（『教育方法学研究』第二十八巻、二〇〇二年、所収）。

陳虹彣『日本統治下の教科書と台湾の子どもたち』（風響社、二〇一九年）。

陳希「労乃宣と切音字運動」（『現代中国』第九十六号、二〇二二年、所収）。

陳培豊『「同化」の同床異夢―日本統治下台湾の国語教育史再考』（三元社、二〇〇一年）。

辻本雅史『思想と教育のメディア史　近世日本の知の伝達』（ぺりかん社、二〇一一年）。

土屋洋「清末の修身教科書と日本」（並木頼寿、大里浩秋、砂山幸雄編『近代中国・教科書と日本』研文出版、二〇一〇年、所収）。

鄭谷心『近代中国における国語教育改革　激動の時代に形成された資質・能力とは』（日本標準、二〇一七年）。

翟新『東亜同文会と中国　近代日本における対外理念とその実践』（慶應義塾大学出版会、二〇〇一年）。

陶徳民『日本における近代中国学の始まり―漢学の革新と同時代文化交渉―』（関西大学出版部、二〇一七年）。

中井政喜『一九二〇年代中国文芸批評論』（汲古書院、二〇〇五年）。

長尾景義「王照と伊澤修二―清末文字改革家の日本との交渉」（『集刊東洋学』第四十三号、一九八〇年、所収）。

中川仁『戦後台湾の言語政策　北京語同化政策と多言語主義』（東方書店、二〇〇九年）。

中島隆博『残響の中国哲学　言語と政治』（東京大学出版会、二〇〇七年）。

中村哲也「明治期における国民国家形成と国語国字論の相剋―国語学者上田万年の歴史的位相―」（『東京大学教育学部紀要』第二十七巻、一九八七年、所収）。

中村元哉『対立と共存の日中関係史―共和国としての中国』（講談社、二〇一七年）。

西川長夫『国民国家論の射程　あるいは〈国民〉という怪物について［増補版］』（柏書房、二〇一二年）。

野村浩一『近代中国の思想世界』（岩波書店、一九九〇年）。

橋本美保「新教育の受容史とは」（橋本美保編著『大正新教育の受容史』東信堂、二〇一八年、所収）。

長谷川豊「胡適とデューイ―五四運動期中国におけるデューイ思想の受容―」（『日本デューイ学会紀要』第三十四号、一九九三年、所収）。

長谷川豊「一九二〇年代中国における教育方法改革―プロジェクト・メソッドの受容過程にみる」（『アジア教育史研究』第四号、一九九五年、所収）。

浜口允子「北京政府論」（野澤豊編『日本の中華民国史研究』汲古書院、一九九五年、所収）。

早川操「デューイが見た異文化における人間と教育―一九二〇年代初期デューイの中国観」（『日本デューイ学会紀要』第四十八号、二〇〇七年、所収）。

早川操「デューイによる日本のデモクラシー批判―一九二〇年代の日中関係から見た日本の政治的文化的課題」（『日本デューイ学会紀要』第五十号、二〇〇九年、所収）。

早川操「二十世紀初期メキシコ・トルコ・中国における学校教育の役割―デューイが見た革命的世界の学校・教育・文化」(『中等教育研究センター紀要』第十号、二〇一〇年、所収)。

班婷「民国初期の小学校国文科における日本の影響　カリキュラムを中心に」(『アジア教育』第十号、二〇一六年、所収)。

万向上「もうひとつの新文化運動―学衡派梅光迪の模索―」(『愛知県立大学大学院国際文化研究科論集』第二十一号、二〇二〇年、所収)。

日暮トモ子「近代教育(学)が持つ文化支配への対応―中国の教育近代化におけるデューイ解釈を手がかりに―」(『近代教育フォーラム』第二十三号、二〇一四年、所収)。

坂野良吉「五四観の諸相と五四の文化論的主題について―一九二〇、三〇年代の五四観を中心に」(『名古屋大学東洋史研究報告』第二十八号、二〇〇四年、所収)。

平田昌司「目の文学革命・耳の文学革命―一九二〇年代中国における聴覚メディアと「国語」の実験―」(『中国文学報』第五十八冊、一九九九年、所収)。

平田昌司「「仁義礼智」を捨てよう―中央研究院歴史語言研究所の出現」(小南一郎編『学問のかたち―もう一つの中国思想史』汲古書院、二〇一四年、所収)。

平野健一郎『国際文化論』(東京大学出版会、二〇〇〇年)。

藤井(宮西)久美子『近現代中国における言語政策　文字改革を中心に』(三元社、二〇〇三年)。

藤井省三「中国の北京語文学」(藤井省三編『「帝国」日本の学知五　東アジアの文学・言語空間』岩波書店、二〇〇六年、所収)。

藤井省三「胡適とニューヨーク・ダダの恋―中国人のアメリカ留学体験と中国近代化論の形成」(『魯迅と世界文学』東方書店、二〇二〇年、所収)。

藤井千春『ジョン・デューイの経験主義哲学における思考論―知性的な思考の構造的解明―』(早稲田大学出版部、二〇一〇年)。

藤田佳久『東亜同文書院　中国大調査旅行の研究』（大明堂、二〇〇〇年）。

藤森智子『日本統治下台湾の「国語」普及運動　国語講習所の成立とその影響』（慶應義塾大学出版会、二〇一六年）。

船引一乗「胡適の提唱した「整理国故」運動の二つの側面」（『中国言語文化研究』第四号、二〇〇四年、所収）。

前島密『国字国文改良建議書』（一八九九年）。

前田勉『江戸教育思想史研究』（思文閣出版、二〇一六年）。

牧野篤『中国近代教育の思想的展開と特質―陶行知「生活教育」思想の研究―』（学術出版会、一九九三年）。

増田渉『中国文学史研究』（岩波書店、一九六七年）。

増淵恒吉編『国語教育史資料　教育課程史（第五巻）』（東京法令出版、一九八一年）。

松田かの子「『華語月刊』と東亜同文書院の中国語教育」（『藝文研究』第八十八号、二〇〇五年、所収）。

松田康博『台湾における一党独裁体制の成立』（慶應義塾大学出版会、二〇〇六年）。

松本三之介『「利己」と他者のはざまで　近代日本における社会進化思想』（以文社、二〇一七年）。

丸川哲史『魯迅と毛沢東　中国革命とモダニティ』（以文社、二〇一〇年）。

丸山昇『文化大革命に到る道　思想政策と知識人群像』（岩波書店、二〇〇一年）。

南本義一『中国の国語教育』（溪水社、一九九五年）。

宮原佳昭「袁世凱政権期の学校教育における「尊孔」と「読経」」（『東洋史研究』第七十六巻第一号、二〇一七年、所収）。

三好章「東亜同文書院の二十世紀中国社会論―根岸佶を例として」（三好章編『アジアを見る眼―東亜同文書院の中国研究』あるむ、二〇一八年、所収）。

武藤秀太郎『大正デモクラットの精神史　東アジアにおける「知識人」の誕生』（慶應義塾大学出版会、二〇二〇年）。

村田雄二郎「「文白」の彼方に―近代中国における国語問題―」（『思想』八五三号、一九九五年、所収）。

村田雄二郎「五四時期の国語統一論争―「白話」から「国語」へ」（小谷一郎ら編『転形期における中国の知識人』汲古書院、一九九九年、所収）。

村田雄二郎「二十世紀システムとしての中国ナショナリズム」（西村成雄編『現代中国の構造変動三　ナショナリズム―歴史からの接近』東京大学出版会、二〇〇〇年、所収）。

村田雄二郎「漢字圏の言語」（村田雄二郎、C・ラマール編『漢字圏の近代　ことばと国家』東京大学出版会、二〇〇五年、所収）。

森正夫『李大釗』（人物往来社、一九六七年）。

森田尚人「伊澤修二の『進化原論』と『教育学』を読む―明治初期教育学と進化論」（『彦根論叢』第三八三号、二〇一〇年、所収）。

安田敏朗『帝国日本の言語編制』（世織書房、一九九七年）。

安田敏朗『〈国語〉と〈方言〉のあいだ　言語構築の政治学』（人文書院、一九九九年）。

安田敏朗「帝国化する言語―近代帝国がもたらしたもの」（山本有造編『帝国の研究―原理・類型・関係―』名古屋大学出版会、二〇〇三年、所収）。

安田敏朗「解説」（上田万年著、安田敏朗校注『国語のため』平凡社、二〇一一年、所収）。

安田敏朗『かれらの日本語　台湾「残留」日本語論』（人文書院、二〇一一年）。

山口榮『胡適思想の研究』（言叢社、二〇〇〇年）。

山下大喜「胡適のアメリカ留学―文学観の形成過程に着目して―」（『グローバル教育』第二十号、二〇一八年、所収）。

山下大喜「コロンビア大学期における胡適とデューイの思想的交錯―デューイ思想の受容に関する一考察―」（『探究』第二十九号、二〇一八年、所収）。

山下大喜「東洋史学の営みと科学的方法」（前川修一、皆川雅樹、梨子田喬編『歴史教育「再」入門　歴史総合・日本史探究・世界史探究への〝挑戦〟』清水書院、二〇一九年、所収）。

山下大喜「胡適の文学史叙述―「清末」と「五四」の差異化を中心に―」（『歴史研究』第六十六号、二〇二〇年、所収）。

山下大喜「胡適の文学論における「形式」と「内容」」（『名古屋大学大学院教育発達科学研究科紀要（教育科学）』第六十七

巻第一号、二〇二〇年、所収）。

山下大喜「胡適と国語教育改革―中国近代における「国語科」の創成―」（『教育学研究』第八十七巻第四号、二〇二〇年、所収）。

山下大喜、生嶌亜樹子、土屋武志「胡適思想と戦後台湾―思想的系譜とカリキュラム開発の交錯点―」（『愛知教育大学教職キャリアセンター紀要』第六号、二〇二一年、所収）。

山下大喜「壬戌学制における師範学校カリキュラムの構造」（『名古屋大学大学院教育発達科学研究科紀要（教育科学）』第六十九巻第一号、二〇二二年、所収）。

山下大喜「胡適によるジョン・デューイ思想の受容と展開―「実験主義の信徒」として―」（『名古屋大学大学院教育発達科学研究科紀要（教育科学）』第六十九巻第二号、二〇二三年、所収）。

山下大喜「中国近代における「国語科」カリキュラム論の形成―胡適の模索を中心に―」（『カリキュラム研究』第三十二号、二〇二三年、所収）。

山室信一『思想課題としてのアジア　基軸・連鎖・投企』（岩波書店、二〇〇一年）。

山本和行『自由・平等・植民地性―台湾における植民地教育制度の形成―』（國立臺灣大學出版中心、二〇一五年）。

山本和行「日本における伊澤修二研究の現状」（木下知威編『伊澤修二と台湾』國立臺灣大學出版中心、二〇一八年、所収）。

山本真弓編著、臼井裕之、木村護郎クリストフ著『言語的近代を超えて〈多言語状況〉を生きるために』（明石書店、二〇〇四年）。

山本康治『明治・大正期国語科の成立と修身科との関わり　文学教材は何を伝えたのか』（ひつじ書房、二〇二一年）。

行安茂、藤原保信編『T・H・グリーン研究』（御茶の水書房、一九八二年）。

横山宏章『陳独秀の時代―「個性の解放」をめざして』（慶應義塾大学出版会、二〇〇九年）。

吉澤誠一郎『愛国主義の創成―ナショナリズムから近代中国をみる』（岩波書店、二〇〇三年）。

吉澤誠一郎「東洋史学の形成と中国―桑原隲蔵の場合」（岸本美緒編『「帝国」日本の学知三　東洋学の磁場』岩波書店、二〇

○六年、所収)。
吉澤誠一郎「近代中国における進化論受容の多様性」(『メトロポリタン史学』第七号、二〇一一年、所収)。

吉澤誠一郎『愛国とボイコット　近代中国の地域的文脈と対日関係』(名古屋大学出版会、二〇二一年)。

吉野耕作『文化ナショナリズムの社会学　現代日本のアイデンティティの行方』(名古屋大学出版会、一九九七年)。

吉見崇「通史六(国共内戦)」(川島真、中村元哉編著『中華民国史研究の動向　中国と日本の中国近代史理解』晃洋書房、二〇一九年、所収)。

林少陽『「修辞」という思想　章炳麟と漢字圏の言語論的批評理論』(白澤社、二〇〇九年)。

林少陽「近代中国の誤読した「明治」と不在の「江戸」―漢字圏の二つの言文一致運動との関連」(国文学研究資料館編『もう一つの日本文学史―室町・性愛・時間』勉誠出版、二〇一六年、所収)。

渡辺哲男『「国語」教育の思想　声と文字の諸相』(勁草書房、二〇一〇年)。

【中文】(アルファベット順)

北京大学図書館、中央研究院近代史研究所胡適紀念館編纂『胡適蔵書目録』(第三巻、広西師範大学出版社、二〇一三年)。

陳平原「八十年前的中学国文教育之争―関于新発現的梁啓超文稿」(『中華読書報』二〇〇二年八月七日、所収)。

陳平原『触摸歴史与進入五四』(北京大学出版社、二〇一八年)。

陳学恂、田正平編『留学教育　中国近代教育史資料匯編』(上海教育出版社、二〇〇七年)。

崔明海『近代国語運動研究』(安徽師範大学出版社、二〇一八年)。

『杜威五大講演』(晨報社、一九二〇年)。

高平叔編『蔡元培全集』(中華書局、一九八四―一九八九年)。

葛兆光「一個歴史事件的旅行―〝文芸復興〟在東亜近代思想和学術中的影響」(『学術月間』第四十八巻、二〇一六年、所収)。

耿雲志『耿雲志文集』(上海辞書出版社、二〇〇五年)。

耿雲志『胡適研究論稿』（社会科学文献出版、二〇〇七年）。

耿雲志、宋広波主編『心長路遠―胡適研究的歴程』（黒竜江教育出版社、二〇一五年）。

顧紅亮『実用主義的誤読―杜威哲学対中国現代哲学的影響』（広西師範大学出版社、二〇一五年）。

胡全章、関愛和「晩清与〝五四〟 従改良文言到改良白話」（『中国社会科学』二〇一八年第九期、所収）。

『胡適思想批判（論文彙編）』（生活・読書・新知三聯書店、第一輯―第八輯、一九五五年、一九五六年）。

胡頌平『胡適之先生年譜長編初稿 増補版』（聯經出版事業、二〇一五年）。

黄福慶『近代日本在華文化及社会事業之研究』（中央研究院近代史研究所、一九八二年）。

黄福慶『清末留日学生』（中央研究院近代史研究所、二〇一〇年、一九七五年初出）。

黄興濤『重塑中華 近代中国「中華民族」観念研究』（三聯書店、二〇一七年）。

黄克武『胡適的頓挫 自由與威權衝撞下的政治抉択』（台湾商務印書館、二〇二一年）。

黄英哲『「去日本化」「再中国化」 戦後台湾文化重建（修訂版）』（麥田出版、二〇一七年）。

季羨林主編『胡適全集』（安徽教育出版社、二〇〇三年）。

簡明海『五四意識在台湾』（民国歴史文化学社、二〇一九年）。

江勇振『舍我其誰：胡適【第一部】 璞玉成璧一八九一―一九一七』（聯經出版事業、二〇一一年）。

江勇振『舍我其誰：胡適【第二部】 日正當中一九一七―一九二七』（聯經出版事業、二〇一三年）。

江勇振『舍我其誰：胡適【第三部】 為学論政一九二七―一九三二』（聯經出版事業、二〇一八年）。

江勇振『舍我其誰：胡適【第四部】 国師策士一九三二―一九六二』（聯經出版事業、二〇一八年）。

教育部『十二年国民基本教育課程綱要 総綱』（教育部、中華民国一〇三年十一月）。

『教育雑誌』（商務印書館）

金達凱『中共批判胡適思想研究』（自由出版社、一九五六年）。

労乃宣『簡字譜録』（文字改革出版社、一九五七年）。

梁尓銘『全国教育会連合会史』(西南師範大学出版社、二〇二一年)。
黎錦熙『國語運動史綱』(商務印書館、一九三四年)。
李斌『民国時期中学国文教科書研究』(北京大学出版社、二〇一六年)。
李貴生「論胡適中国文芸復興論述的来源」(『漢學研究』第三十一巻第一期、二〇一三年、所収)。
『歴届全国教育会連合会議案分類匯編』(第十一届全国教育会連合会事務所、一九二五年)。
李杏保、顧黄初『中国現代語文教育史』(四川教育出版社、一九九七年)。
李孝悌「胡適與白話文運動的再評価—従清末的白話文談起」(『胡適與近代中國』時報文化出版企業有限公司、一九九一年、所収)。
林少陽『鼎革以文—清季革命与章太炎〝復古〟的新文化運動』(上海人民出版社、二〇一八年)。
劉貴福「梅光迪、胡適留美期間関于中国文化的討論—以儒学、孔教和文学革命為中心」(『近代史研究』二〇一一年一期、所収)。
劉緒才『一九二〇—一九三七　中学国文教育中的新文学』(中国社会科学出版社、二〇一五年)。
劉紀曜「胡適的実験主義與歴史理念」(『臺灣師大歴史學報』第四十一期、二〇〇九年、所収)。
呂芳上主編『蔣中正先生年譜長編』(国史館、二〇一五年)。
羅志田『再造文明之夢　胡適伝〔修訂版〕』(社会科学文献出版社、二〇一五年)。
欧陽哲生『自由主義之累—胡適思想之現代闡釈』(江西教育出版社、二〇〇三年)。
欧陽哲生『新文化的伝統—五四人物与思想研究』(広東人民出版社、二〇〇四年)。
欧陽哲生「中国的文芸復興—胡適以中国文化為題材的英文作品解析」(『近代史研究』二〇〇九年第四期、所収)。
欧陽哲生『五四運動的歴史詮釈』(北京大学出版社、二〇一二年)。
潘光哲主編『胡適全集　胡適時論集』(中央研究院近代史研究所、二〇一八年)。
平田昌司『文化制度和漢語史』(北京大学出版社、二〇一六年)。

銭理群「五四新文化運動与中小国文教育改革」（『中国現代文学研究叢刊』二〇〇三年第三期、所収）。

任建樹主編『陳独秀著作選編』（上海人民出版社、二〇一四年）。

任育徳『胡適晩年学思與行止研究（一九四八―一九六二）』（稲郷出版社、二〇一八年）。

単文経「論革新課程実験之難成」（『教育研究集刊』第五十輯第一期、二〇〇四年、所収）。

単中恵『現代教育的探索―杜威与実用主義教育思想』（人民教育出版社、二〇〇二年）。

沈国威「〝形式〟与〝精神〟的拮抗―重読胡適《文学改良芻議》（一）」（『東アジア文化交渉研究』第六号、二〇一三年、所収）。

沈衛威「胡適対早期国立大学中文系課程的推動」（耿雲志、宋広波主編『胡適研究論叢（第二輯）―紀念胡適先生誕辰一二〇周年国際学術研討会専輯』社会科学出版社、二〇一二年、所収）。

席雲舒「胡適〝中国的文芸復興〟思想初探」（『文芸研究』二〇一四年第十一期、所収）。

席雲舒「康奈尔大学胡適的成績単与課業論文手稿」（『関東學刊』第十三期、二〇一七年、所収）。

陶行知『陶行知全集』（四川教育出版社、二〇〇五年）。

田正平『留学生与中国教育近代化』（広東出版社、一九九六年）。

丁文江、趙富田編、欧陽哲生整理『梁任公先生年譜長編（初稿）』（中華書局、二〇一〇年）。

夏暁虹『梁啓超　在政治与学術之間』（東方出版社、二〇一四年）。

『新教育』（新教育共進社）。

新学制課程標準起草委員会編『新学制課程標準綱要』（商務印書館、一九二五年）。

薛化元『民主的浪漫之路―雷震傳』（遠流、二〇二〇年）。

薛玉琴『近代思想前駆者的悲劇角色　馬建忠研究』（中国社会科学出版社、二〇〇六年）。

王愛衛「朱希祖与章太炎」（『徳州学院学報道』二〇〇八年五期、所収）。

王風『世運推移与文章興替―中国近代文学論集』（北京大学出版社、二〇一五年）。

王光和『西方文化影響下的胡適文学思想』（四川大学出版社、二〇一一年）。
王奇生『革命与反革命　社会文化視野下的民国政治』（社会科学出版社、二〇一〇年）。
王明建『語文課程史研究―兼論語文課程的早期現代化』（人民出版社、二〇一六年）。
王東杰『声入心通　国語運動与現代中国』（北京師範大学出版社、二〇一九年）。
王小丁『中美教育関係研究（一八四〇―一九二七）』（四川大学出版社、二〇〇九年）。
呉美瑤、劉子菁、丁千恬、林嘉瑛編『『教育雑誌』（一九〇九―一九四八）索引』（心理出版社、二〇〇六年）。
呉汝綸『東游叢録』（三省堂書店、一九〇二年）。
楊鄧旗、靳明全『近代国語教育改革的先駆労乃宣』（山西人民出版社、二〇二〇年）。
楊偉主編『語言・民族・国家・歴史―村田雄二郎中国研究文集』（重慶出版社、二〇二〇年）。
楊文海『壬戌学制与中国近代化』（南京大学出版社、二〇一二年）。
楊智穎『課程史研究』（学富文化、二〇一五年）。
殷海光『殷海光全集』（國立臺灣大學出版中心、二〇一八年）。
蔭山雅博『明治日本与中国留学生教育』（雄山社、二〇一六年）。
苑書義、孫華峰、李秉新主編『張之洞全集』（河北人民出版社、一九九八年）。
元青「民国時期的留美学生与中美文化交流」（『南開学報』二〇〇〇年第五期、所収）。
元青『杜威与中国』（人民出版社、二〇〇一年）。
于瀟『社会変革中的教育応対　民国時期全国教育会議研究』（浙江大学出版社、二〇一五年）。
余家菊「国語科底幾個問題」（『中華教育界』第十巻第十二期、一九二一年六月、所収）。
余英時『中国近代思想史上的胡適』（聯經出版、一九八四年）。
余英時『重尋胡適歴程　胡適生平與思想再認識（増訂版）』（聯經出版事業、二〇一四年）。
喩永慶『大衆伝媒与教育転型―『中華教育界』与民国時期教育改革』（華中科技大学出版社、二〇一四年）。

兪允海「朱希祖在国語運動中的貢献」（『湖州師範学院』二〇一六年第七期、所収）。

章清『「胡適派学人群」与現代中国自由主義〔全新修訂版〕』（上海三聯書店、二〇一五年）。

張伝敏『民国時期的大学新文学課程研究』（人民出版社、二〇一〇年）。

張汝綸『現代中国思想研究』（上海人民出版社、二〇一四年）。

張心科『清末民国児童文学教育発展史論』（北京師範大学出版社、二〇一一年）。

張心科『語文課程論』（福建教育出版社、二〇一四年）。

張心科『清末民国中学文学教育研究』（高等教育出版社、二〇一八年）。

張哲英『清末民国時期語文教育観念考察―以黎錦煕、胡適、葉聖陶為中心』（福建教育出版社、二〇一一年）。

趙文静『翻訳的文化操控―胡適的改写与新文化的建構』（復旦大学出版社、二〇〇六年）。

鄭澈『英語世界的胡適』（中国社会科学出版社、二〇一六年）。

鄭大華「胡適是〝全盤西化論者〟?―兼論中国近代史上不存在〝全盤西化思潮〟」（欧陽哲生、宋広波編『胡適研究論叢』黒竜江教育出版社、二〇〇九年、所収）。

鄭国民『従文言文教学到白話文教学―我国近現代語文教育的変革歴程』（北京師範大学出版社、二〇〇〇年）。

鄭玉卿「戦後「教育即生活」理念在台湾的実験―以台北成功中学的課程為例」（『教育資料與研究』第一〇四期、二〇一二年、所収）。

荘茹蘭、李朝順（訪問）、荘茹蘭、鄭鳳凰（記録）「胡適墓園設計者　高而潘先生訪問記録」（『口述記録』第十四期、二〇一六年十月、所収）。

『中華教育界』（公益財団法人東洋文庫所蔵のマイクロフィルムによる）。

周敏『清末民国時期湖南国文教育与国語運動』（岳麓書社、二〇一九年）。

周東怡「清末『奏定高等小學堂章程』與『奏定初等小學堂章程』的修訂」（『臺灣師大歴史學報』第六十期、二〇一八年、所収）。

周文玖「朱希祖与中国現代史学体系的建立—以他与北京大学史学系的関係為考察中心」(『烟台師範学院学報（哲学社会科学版）』二〇〇六年第一期、所収)。

周愚文『晩清教育制度西化的前奏　癸卯学制頒行前西式教育的借入』(國立臺灣師範大學出版中心、二〇二一年)。

周質平『胡適與韋蓮司　深情五十年（二版）』(聯經出版、二〇二〇年)。

朱淑芳「「生活中心教育」社会科合科教学実験及其中的地理課」(『中国地理学会会刊』第二十二期、一九九四年)。

朱文華『中国近代教育、文学的聯動与互動』(復旦大学出版社、二〇一五年)。

【欧文】（アルファベット順）

Barry Keenan, *The Dewey Experiment in China: Educational Reform and Political Power in the Early Republic*（Cambridge: Harvard University Press, 1977）.
Benedict Anderson, *Imagined communities: reflections on the origin and spread of nationalism*（London and New York: Verso, 2006, Rev. ed.）.
Bruce Kuklick, *A History of Philosophy in America 1720-2000*（Oxford: Clarendon Press, 2001）.
Daiki Yamashita,（2023）'Chinese educational development through the lens of John Dewey'. *History of Education Researcher*, No. 111, pp. 3-11.
David Der-Wei Wang, *Fin-de-siecle splendor: Repressed Modernities of Late Qing Fiction, 1849-1911*（Stanford, California: Stanford University Press, 1997）.
Douglas R. Reynolds,（1986）'Chinese Area Studies in Prewar China: Japan's Tōa Dōbun Shoin in Shanghai, 1900–1945'. *The Journal of Asian Studies*, 45（5）, pp. 945-970.
Edith Sichel, *The Renaissance*（London: Williams and Norgate, 1914）.
Eric Hobsbawm and Terence Ranger, eds., *The Invention of Tradition*（Cambridge: Cambridge University Press, 1992, Canto edition）.

Gang Zhou, *Placing the Modern Chinese Vernacular in Transnational Literature* (New York: Palgrave Macmillan, 2011).

Henry M. Cowles, *The Scientific Method: An Evolution of Thinking from Darwin to Dewey* (Cambridge: Harvard University Press, 2020).

https://rmc.library.cornell.edu/hushih/HuShihTranscript.pdf を参照（最終閲覧：二〇二一年六月二日、公開：コーネル大学図書館）。

Ivor Armstrong Richards, (1932) 'The Chinese Renaissance'. *Scrutiny: A quarterly review*, 1 (2), pp. 102-113.

Jeremy Cole, (2014) 'Democracy exported, history expunged: John Dewey's trip to Turkey and the challenge of building 'civilised' nations for democratic life'. *History of Education*, 43 (4), pp. 504–523.

Jerome B. Grieder, *Hu Shih and the Chinese renaissance: liberalism in the Chinese revolution, 1917-1937* (Cambridge: Harvard University Press, 1970).

Jessica Ching-Sze Wang, *John Dewey in China: To Teach and To Learn* (Albany: State University of New York Press, 2007).

John DeFrancis, (1985) 'China's literary renaissance: A reassessment'. *Bulletin of Concerned Asian Scholars*, 17 (4), pp. 52-63.

John Dewey, *The influence of Darwin on philosophy and other essays in contemporary thought* (New York: H. Holt, 1910).

John Dewey, *Impressions of Soviet Russia and the revolutionary world, Mexico, China, Turkey* (New York: New Republic, 1929).

Rana Mitter, *A bitter revolution: China's struggle with the modern world* (Oxford: Oxford University Press, 2004).

Ruth Hayhoe, *China Through the Lens of Comparative Education* (New York: Routledge, 2015).

Selahattin Turan, (2000) 'John Dewey's Report of 1924 and his recommendations on the Turkish educational system revisited'. *History of Education*, 29 (6), pp. 543–555.

Song Mingwei, *Young China: National rejuvenation and the bildungsroman, 1900-1959* (Cambridge: Harvard University Press, 2015).

Sor-Hoon Tan, (2004) 'China's pragmatist experiment in democracy: Hu Shih's pragmatism and Dewey's influence in China'.

Metaphilosophy, 35 (1), pp. 44-64.

The Early Works of John Dewey (London and Amsterdam: Southern Illinois University Press).

The Middle Works of John Dewey (Carbondale: Southern Illinois University Press).

William J. Reese, *America's public schools: from the common school to "No Child Left Behind"* (Baltimore: Johns Hopkins University Press, 2005).

Zhao Kang, (2019) 'Why Did Hu Shi Introduce Deweyan Pragmatism to China as Only a Method?'. *Beijing International Review of Education*, 1 (4), pp. 658-672.

あとがき

本書は、二〇二二年に提出した博士学位論文『中国近代における「国語科」の創成―胡適の模索と実践を中心に―』（名古屋大学大学院・教育発達科学研究科）を土台として加筆修正したものである。

筆者が歴史に興味・関心をもつようになったのは、振り返ってみれば、祖父母が自らの経験を「語り」として私に教え授けてくれたことによる。歴史とは、「現在」と断絶した無機質で暗記一辺倒とみられやすいものであるが、祖父母の「語り」から「過去」との対話のなかで歴史の奥深さを実感することができた。愛知県の大学に進学が決まり、そのことを報告すると言葉少なに「愛知県にいてくれるのだな」と返してくれた。言葉の真相をもう一回聞き直すことは難しいが、地に足つけて愚直に探究の旅路を歩みなさいという意味だったのかもしれない。

そして、本書は、多くの先生方からの学恩にも支えられている。社会科教員を志して進学した愛知教育大学では、渡邉英幸先生の東洋史研究室（史学専修）でご指導いただいた。卒業論文のテーマを決めかねていた筆者に渡邉先生が「思想史はどうか」とお声がけくださった。そのご助言に筆者は民国期の外交官として著名な顧維鈞の史料を読み始めたが、途方もない量に圧倒され、またさまよいかけたときに出会ったのが同じく外交官経験のあった胡適という人物であった。胡適をテーマに卒業論文を書くと決まり、それからはまさしく史料と地道に向き合う日々であった。史料との向きあい方という点においては、中国近代思想史を専門とする佐藤豊先生（アジア文化履修モデル）から多くを学んだ。週に一回、一対一での講読会を開催してくださり、修士論文の提出まで三年間、足しげく第二人文棟二階にあったアジア文化資料室に通った。佐藤先生はコースが異なる学生を温かく迎えてくださり、渡邉先生はそうした探究の旅路へ温厚に送り出してくださった。かけがえのない厳かな時間であった。

卒業論文を通じて胡適と出会い、その胡適が中国における「国語科」の成立に大きくかかわっていたことを史料からつかんでいた。愛知教育大学を卒業し、教育学として、具体的には「国語科」成立にかかわるカリキュラム研究の思想史的アプローチを志して、名古屋大学大学院に進学した。カリキュラム学領域に所属し、久野弘幸先生にご指導いただいた。特異なテーマの筆者に対して、いつも温かく「問い」を投げかけ、探究への旅路にいざなってくださった。大学がかわったことで気後れし尻込みしていた筆者に広い世界的視座をもつようにおっしゃってくださったのも久野先生であった。大学院時代を通じて、台湾、ヨーロッパ、アメリカと交流の機会をもてたのも久野先生のご助言あってのことである。二〇一九年には愛知県立大学の工藤貴正先生のもとで史料講読のご指導をいただき、国際シンポジウムの補助と論文翻訳を担当させていただいた。こうした国際的な研究交流の経験は、現在の仕事観にもつながり、国境を越えて多くの先生方と仕事をご一緒できるのを楽しんでいる。博士課程三年目からは、松下晴彦先生のもとでご指導いただいた。博士論文を仕上げていかないといけないというなかで、松下先生からは改めて学問をするうえでの実直さを学んだ。筆が進まず、浮足立っていた筆者に、落ち着いた言葉を常に投げかけてくださった。副査をご担当くださった吉川卓治先生（教育史）、柴田好章先生（教育方法学）からは、博士論文のアプローチや「問い」を含めて研究を進めるうえでの丹念な姿勢の大切さを学んだ。

大学院修了後は、幸いにも非常勤講師の経験を得て、その経験からも多くの「学び」があった。新しい学習指導要領の本格実施元年になる一年に「歴史総合」の授業を担当させていただき、大学での「教育課程論」や「社会科教育」の講義と往還する日々であった。その後、山口県にある宇部工業高等専門学校に奉職し、社会科教員として「歴史」や「現代社会」の講義を担当した。国際交流室を牽引なさっていた畑村学先生とは、研究室が向かい同士だったこともあり、研究と実践の双方で多くを学ばせていただいた。「成熟する台湾の教育」と銘打って進めている国際共同研究で継続してご一緒でき、研究室が向かい同士だったご縁を引き続き大切にしていきたい。

探究の旅路は、山口大学教育学部で教育方法学を担当することになり、教師教育としての役割が大きくなってきている。教師は「教え手」であると同時に、「学び手」でなければならない。筆者自身も「学び」を通じてアップデートし続ける姿を体現できるように励んでいきたい。

最後に、旅路が続く筆者を温かく見守り続けてくれた両親に深甚なる感謝の気持ちを伝えたい。そして、本書がこのように結実しえたのも九州大学出版会の奥野有希さんからの多方面でのご教示によるところが大きい。多くの皆様に支えられて、「いま・ここ」に本書がある。もちろん本書の至らなさは筆者にすべての責任がある。厳かに慈しみ深く、感謝の気持ちを忘れずに、楽しみながら探究の旅路をたゆまず歩んでいきたい。その決意をもって本書の結びとしたい。

山下大喜

山口宇部空港で旅立ちを待ちながら

二〇二四年（令和六年）七月

【謝辞】本書の公刊においては、日本学術振興会科研費（研究成果公開促進費・学術図書・課題番号：JP24HP5166）の支援を受けた。

初出一覧

本書における初出は以下のとおりである（年代順）。本書の執筆にあたって、一部内容を加筆修正し、論旨を整えた部分がある。本書は、各学会における口頭発表の席上や海外調査でいただいた貴重なご助言に多くを支えられている。ここに深甚なる謝意を記しておきたい。

・「胡適のアメリカ留学―文学観の形成過程に着目して―」、日本グローバル教育学会『グローバル教育』第二十号、二〇一八年三月。
・「コロンビア大学期における胡適とデューイの思想的交錯―デューイ思想の受容に関する一考察―」、愛知教育大学社会科教育学会『探究』第二十九号、二〇一八年三月。
・「東洋史学の営みと科学的方法」、前川修一、皆川雅樹、梨子田喬編『歴史教育「再」入門　歴史総合・日本史探究・世界史探究への〝挑戦〟』清水書院、二〇一九年十二月。
・「胡適の文学史叙述―「清末」と「五四」の差異化を中心に―」、愛知教育大学歴史学会『歴史研究』第六十六号、二〇二〇年三月。
・「胡適の文学論における「形式」と「内容」」、『名古屋大学大学院教育発達科学研究科紀要（教育科学）』第六十七巻第一号、二〇二〇年九月。
・「胡適と国語教育改革―中国近代における「国語科」の創成―」、日本教育学会『教育学研究』第八十七巻第四号、二〇二〇年十二月。
・「壬戌学制における師範学校カリキュラムの構造」、『名古屋大学大学院教育発達科学研究科紀要（教育科学）』第六十九巻第一号、二〇二二年十月。

・「胡適によるジョン・デューイ思想の受容と展開―「実験主義の信徒」として―」、『名古屋大学大学院教育発達科学研究科紀要（教育科学）』第六十九巻第二号、二〇二三年三月。
・「中国近代における「国語科」カリキュラム論の形成―胡適の模索を中心に―」、日本カリキュラム学会『カリキュラム研究』第三十二号、二〇二三年三月。
・'Chinese educational development through the lens of John Dewey'. *History of Education Researcher*, No. 111, May 2023.

また、本書のカバー写真は中央研究院近代史研究所胡適紀念館からご提供いただいた。台湾での現地調査では何度も訪れ、史資料と正対しながら、静けさのある厳かな研究環境に浴する貴重な機会となった。中央研究院を校区に含む胡適国民小学にもご縁をいただき、授業参観とともに、貴重な史資料を閲覧させていただいた。国民小学と中央研究院の関係、胡適を題材とした人物学習については、以下の論文にまとめた。

・「胡適思想と戦後台湾―思想的系譜とカリキュラム開発の交錯点―」（『愛知教育大学教職キャリアセンター紀要』第六号、二〇二一年、所収）。生嶌亜樹子、土屋武志との共著。

人名索引（五十音順）

注釈：本書で中心的に論じる胡適については、略歴を把握するため、および「国語科」創成へのかかわりをつかむために有益なページ数のみを列挙した。

【あ行】

アンダーソン，ベネディクト(1936–2015)：5
伊澤修二(1851–1917)：11, 22, 24–26, 28–31, 123, 127
ウィリアムズ，イーデス・クリフォード(1885–1971)：58–59, 69
ウィルソン，ウッドロー(1856–1924)：62
上田万年(1867–1937)：11, 22–24, 26, 28–29, 123
袁世凱(1859–1916)：10, 73, 76, 79, 89
王照(1859–1933)：9, 26, 29, 74–75, 107

【か行】

郭秉文(1879–1969)：55, 59
グリーン，トーマス・ヒル(1836–1882)：58, 69
厳復(1854–1921)：6, 11, 33, 41, 85, 109–110
呉汝綸(1840–1903)：22, 26–29, 31, 110, 127
胡適(1891–1962)：[略歴]6, [学堂時代]33, [アメリカ留学]35–36, [デューイとの関係]56, 58–61, [マルクス主義との論争関係]63–64, [国語教育論]83–89, [「国語科」創成とのかかわり]91–94, [中央研究院]130

【さ行】

蔡元培(1868–1940)：2, 42, 75–77
ジェームズ，ウィリアム(1842–1910)：58–59, 69
シシェル，エディス(1862–1914)：33, 44, 47, 51–52, 111, 117, 125
清水董三(1893–1970)：12, 19, 104, 106–107, 116, 118–119, 124
周作人(1885–1967)：55
章炳麟(1869–1936)：8, 36, 75–76, 84–85, 110, 112
蔣夢麟(1886–1964)：55, 68

【た行】

ダーウィン，チャールズ(1809–1882)：53, 60, 65, 126
陳独秀(1879–1942)：7, 11, 40–42, 48, 55, 63–64, 70, 73, 76–77, 113, 124
デューイ，ジョン(1859–1952)：2, 4, 6, 9, 12, 36, 53–67, 69–70, 91, 100, 104, 126–127, 131
陶行知(1891–1946)：35, 53, 55, 59, 65, 67

【は行】

パース，チャールズ・サンダース(1839–1914)：58–59, 69
梅光迪(1890–1945)：7, 11, 35, 37–38, 40, 47–48, 50
ハクスリー，トマス・ヘンリー(1825–1895)：6, 30, 33, 64
ホブズボーム，エリック(1917–2012)：7, 125

【ま行】

毛沢東(1893–1976)：4, 115

【や行】

山川健次郎(1854–1931)：26, 31
葉聖陶(1894–1988)：9, 93
余英時(1930–2021)：53–54, 57

【ら行】

李大釗(1889–1927)：12, 54–55, 61, 63, 66, 85, 126

参考資料

1：壬戌学制における「国語科」

2：壬戌学制学校系統図

3：新学制課程標準綱要の趣意書

4：デューイの中国情勢にかかわるエッセイ一覧

参考資料1　壬戌学制における「国語科」

(1) 小学

<table>
<tr><th colspan="2" rowspan="2">学科目</th><th colspan="2">（百分比）</th></tr>
<tr><th>初級小学</th><th>高級小学</th></tr>
<tr><td rowspan="4">国語</td><td>語言</td><td rowspan="4">30</td><td>6</td></tr>
<tr><td>読文</td><td>12</td></tr>
<tr><td>作文</td><td>8</td></tr>
<tr><td>写字</td><td>4</td></tr>
<tr><td colspan="2">算術</td><td colspan="2">10</td></tr>
<tr><td colspan="2">衛生</td><td rowspan="4">社会 20</td><td>4</td></tr>
<tr><td colspan="2">公民</td><td>4</td></tr>
<tr><td colspan="2">歴史</td><td>6</td></tr>
<tr><td colspan="2">地理</td><td>6</td></tr>
<tr><td colspan="2">自然</td><td rowspan="2">12</td><td>8</td></tr>
<tr><td colspan="2">園芸</td><td>4</td></tr>
<tr><td colspan="2">工用芸術</td><td colspan="2">7</td></tr>
<tr><td colspan="2">形象芸術</td><td colspan="2">5</td></tr>
<tr><td colspan="2">音楽</td><td colspan="2">6</td></tr>
<tr><td colspan="2">体育</td><td colspan="2">10</td></tr>
</table>

(1－1) 小学国語課程綱要（呉研因起草 / 委員会覆訂）

(1) 目的

通常での話し言葉と文字が運用できるように練習して、読書に対する興味を高め、発表能力を育み、また性情を豊かにして、想像力および思考力を啓発する。

(2) 順序

〈第1学年〉

1. ことばの練習、簡単な会話、童話の講演を進める。
2. 童話での故事、童謡、なぞかけなどの朗誦で繰り返し使われる重要事項や語句を書き記す。
3. 重要な文字の知識。
4. 簡単な話し言葉での発表。

5．書写の練習

〈第2学年〉

1．第1学年に同じ。会話や童話の講演を重視する。

2．童話での故事、童謡、なぞかけの朗誦で繰り返し使われる語句。

3．第1学年に同じ。閲読の指導によって簡単な短い図書を加える。

4．第1学年に同じ。

5．第1学年に同じ。

〈第3学年〉

1．童話、史話、小説などの講演。

2．童話、伝記、脚本、童謡、なぞかけ、故事、詩、雑歌などの朗誦。

3．第2学年に同じ。字典で調べる方法を加える。

4．通信、条告、記録の設計、実用文、説明文の作法、研究、練習。

5．楷書の模写。

〈第4学年〉

1．第2学年に同じ。普通の演説を加える。

2．伝記、脚本、小説、童謡、民謡、なぞかけ、故事、詩などの朗誦。

3．字典で調べる方法を加え、児童雑誌と参考図書の閲読を指導する。

4．第3学年に同じ。実用文、説明文の作法、研究、練習を重視する。

5．第3学年に同じ。行書に近い楷書と簡単な行書の練習を加える。

〈第5学年〉

1．第4学年に同じ。弁論会の設計と練習を加える。

2．第4学年に同じ。伝記、小説を重視する。

3．新聞雑誌と参考図書の閲読を重視する。

4．実用文、叙述文、説明文、議論文の作法、研究、練習。

5．第4学年に同じ。行書の練習を加え、臨書できるようにする。

〈第6学年〉

1．第5学年に同じ。演説の練習を重視する。

2．第5学年に同じ。短い簡単な文言詩、文の朗誦を加える。

3．第5学年に同じ。普通の日刊紙の閲読を重視する。

4．第5学年に同じ。

5．第5学年に同じ。行書の練習を重視して、草書に近い行書を認識できるようにする。

(3) 方法

（一）話し言葉

低学年では発達にそって進み、以後は会話、講演、実演を多用する。

（二）文章読解

文学的な価値を有する実用的な教材を含め、児童文学を主としながら、鑑賞、実演を重視する。

（三）文字

反復練習を重視する。

（四）作文

応用文の設計、研究、作成を重視する。

（五）前半の三年では読解、作文、書写を合わせて教え、他の科目とも連携をはかる。後半の三年では自主的な学習への補助、指導を重視する。

（六）話し言葉は独立して教え、あるいは作文などと連携して教えるべきである。もし然るべき教員がいなければ、暫時的に欠けていてもよい。独立して教えるときは、標準語に近い方言を一年に限って扱う。

(4) 卒業最低限度の標準

〈初級小学〉

●話し言葉：国語での故事の話を聞きとり、国語を用いて簡単な会話をすることができる。

●文字：

・読解：通常で用いる2000字程度を識別でき、注音字母を用いることができる。毎年2冊、1冊4500字ほどを目安に、口語体の児童文学を8冊読む。新出の字が100分の5で含まれている口語体の児童雑誌を、字典を使って読み、全体の60％以上は正確に読めるようにする。

・作文：口語体で簡単な叙述文、実用文（書信や日記を含む）を大意がつかめるように作文する。

・書写：楷書と行書に近い楷書を速記でき、多く見積もっても毎時250字、また少なくとも毎時70字とする。

〈高級小学〉

●話し言葉：国語での通俗的な話を聞きとり、国語を用いて演説することができる。

●文字：

・読解：識字の累計を3500字ほどまでにする。児童文学など12冊以上を読む。字典を使って、新出の字が10％以下の口語文、いわば『児童世界』や『小朋友』程度のもの、および日刊紙の記事程度のものを読み、標点や大意の確認を通じて、全体の60％以上は正確に読めるようにする。

・作文：口語体で実用文、叙述文、説明文を大意がつかめるように作文する。

・書写：広く行き渡っている行書の字体を書けるようにする。

(2) 初級中学

学科目		(学分)
		初級中学
社会科	公民	6
	歴史	8
	地理	8
言文科	国語	32
	外国語	36
算学科		30
自然科		16
芸術科	図画	12
	手工	
	音楽	
体育科	生理衛生	4
	体育	12
合計		164

【注釈】
・学分:毎週1時間の授業を半年修めると1学分となる。
・初級中学の卒業には180学分を満たさなければならない。そのためには、その他の科目を選択する、もしくは必修の科目を補習にあてることができる。

(2−1) 初級中学国語課程綱要(葉聖陶起草/附表胡適起草/委員会覆訂)

(1) 目的

1. 学生が自由に思想を発表できるようにする。
2. 学生が平易な古文書を読めるようにする。
3. 学生の中国文学に対する研究関心を高める。

(2) 内容と方法

本科目は小学国語課程と接続し、次第に口語体から文語体へと進むことで、高級中学国語課程綱要の基礎とする。

甲. 学習課題(作業支配)

(子) 読解

1. 教師が選定した書籍を精読、詳細に朗誦、研究し、授業の大半は討論にあてる。

2. 教師が指定した名著を略読し、筆記の参考にして、その大意をつかめるようにする。大半は学生の自習のため、一部分は授業での討論にあてる。

（丑）作文

1. 定期的な作文。

2. 無定期的な作文と筆記。

3. 定期的な文法についての討論。

4. 定期的な演説と弁論。

（寅）書写

1. 楷書あるいは行書の練習。

2. 名人の書法の鑑賞。

乙. 時間（学分支配）

（子）読解

1. 精読　14学分

2. 略読　 6 学分

（丑）作文

1. 作文と筆記　4学分

2. 文法討論　3学分

3. 演説・弁論　3学分

（寅）書写　2学分

丙. 教材（教材支配）

本科目の教材は大きく三段階に分けて、以下の段階を三学年で斟酌するのに活用する。

●第一段階

（子）読解

1. 精読：伝記、小説、詩歌、および雑感文。口語体は全体の4分の3を占め、近代名著を教材の中心にする。

2. 略読：附表に列挙された書籍のうち若干種を選読する。

（丑）作文：命題のある作文、ない作文、文語文から口語文への訳文、筆記、演説、弁論など。ならびに比較法と帰納法を用いて文法の研究をする。作文は口語文を主として、文語文も兼学する。

（寅）書写：楷書、行書の練習。正確さ、きれいさ、敏捷さを重視する。また、名人の書法を鑑賞し、拓本を臨写できるようにする。

●第二段階

（子）読解

1．精読：叙述文、議論文、小説、詩歌、雑感文。時代にかかわらず口語体は全体の4分の2とする。

2．略読：第一段階に同じ。

（丑）作文：作文、訳文、筆記、演説、弁論、帰納的な文法研究。作文は口語体を主として、文語体も兼学する。

（寅）書写：第一段階に同じ。

●第三段階

（子）読解

1．精読：叙述文、議論文、小説、詩歌、雑感文。時代にかかわらず口語体は全体の4分の1とする。

2．略読：第一段階に同じ。

（丑）作文：作文、訳文、筆記、演説、弁論、系統的な文法研究、および修辞学の大意。作文は口語体と文語体の双方を重視する。

（寅）書写：第一段階に同じ。

(3) 卒業最低限度の標準

（子）普通の参考図書、雑誌を閲読し、その大意を了解できる。

（丑）普通の応用文を達意で文法上の誤りなく作ることができる。

（寅）平易な文学作品を鑑賞することができる。

（附表）略読書籍の例

（1）小説

1．西遊記　2．三国志演義　3．上下古今談（呉敬恒）

4．侠隠記（フランス／大デュマ著・伍光建訳）　5．続侠隠記（同上）

6．天方夜譚（文言の訳本）　7．点滴（周作人）

8．欧美小説訳叢（周作人）　9．域外小説集（周作人）

10．短編小説集（胡適）　11．小説集（未出版・魯迅）

12．阿麗思夢遊奇境記（趙元任）　13．林紓による翻訳小説

（2）演劇

1．元、明、清の詞曲のなかから、初級中学の学生が理解でき、教育的意義に

背かないものを選択する。例えば、漢宮秋、牧羊記、鉄冠図の類である。

2．イプセン集第一冊（潘家洵訳）のような翻訳された西洋の劇本から選択する。

(3) 散文

注意：散文はすでに「精読」に含まれているものがある。そのため、略読の散文を以下の三つに分けた。

・甲．作者での分類

例えば、梁啓超、章士釗、胡適の類。

・乙．文体での分類

例えば、議論文、伝記文、描写文の類。

・丙．問題での分類

例えば、文学革命問題討論集、社会問題討論集など。

(3) 高級中学

■第一組：文学および社会科学

<table>
<tr><td colspan="3" rowspan="2">学科目</td><td>(学分)</td></tr>
<tr><td>高級中学</td></tr>
<tr><td rowspan="7">公共必修</td><td colspan="2">国語</td><td>16</td></tr>
<tr><td colspan="2">外国語</td><td>16</td></tr>
<tr><td colspan="2">人生哲学</td><td>4</td></tr>
<tr><td colspan="2">社会問題</td><td>6</td></tr>
<tr><td colspan="2">文化史</td><td>9</td></tr>
<tr><td colspan="2">科学概論</td><td>6</td></tr>
<tr><td colspan="2">体育</td><td>(甲) 衛生法
(乙) 健身法
(丙) その他運動
} 10</td></tr>
<tr><td rowspan="6">分科専修</td><td rowspan="5">必修</td><td>特設国文</td><td>8</td></tr>
<tr><td>心理学初歩</td><td>3</td></tr>
<tr><td>論理学初歩</td><td>3</td></tr>
<tr><td>社会科学の学類</td><td>4 (至少)</td></tr>
<tr><td>自然科 / 数学の学類</td><td>6 (至少)</td></tr>
<tr><td colspan="2">選修</td><td>32 (或更多)</td></tr>
<tr><td colspan="3">純粋選修</td><td>30 (或更少)</td></tr>
<tr><td colspan="3">卒業学分総額</td><td>150</td></tr>
</table>

■第二組：数学および自然科学

<table>
<tr><td colspan="3" rowspan="2">学科目</td><td>（学分）</td></tr>
<tr><td>高級中学</td></tr>
<tr><td rowspan="7">公共必修</td><td colspan="2">国語</td><td>16</td></tr>
<tr><td colspan="2">外国語</td><td>16</td></tr>
<tr><td colspan="2">人生哲学</td><td>4</td></tr>
<tr><td colspan="2">社会問題</td><td>6</td></tr>
<tr><td colspan="2">文化史</td><td>6</td></tr>
<tr><td colspan="2">科学概論</td><td>6</td></tr>
<tr><td colspan="2">体育</td><td>（甲）衛生法
（乙）健身法
（丙）その他運動　} 10</td></tr>
<tr><td rowspan="7">分科専修</td><td rowspan="6">必修</td><td>三角</td><td>3</td></tr>
<tr><td>高中幾何</td><td>6</td></tr>
<tr><td>高中代数</td><td>6</td></tr>
<tr><td>解析幾何大意</td><td>3</td></tr>
<tr><td>用器画</td><td>4</td></tr>
<tr><td>物理 / 生物 / 化学</td><td>12（至少）
2科目選択 /6学分ごと</td></tr>
<tr><td colspan="2">選修</td><td>23（或更多）</td></tr>
<tr><td colspan="3">純粋選修</td><td>30（或更少）</td></tr>
<tr><td colspan="3">卒業学分総額</td><td>150</td></tr>
</table>

【注釈】
・公共必修の学分は全体での100分の43の割合とする。
・普通科は文学と社会科学を重んじる第一組、数学と自然科学を重んじる第二組とする。
・選修科目は各校の地方での状況に合わせて設置される。

（3－1）高級中学公共必修国語課程綱要（胡適起草）

(1) 目的

（一）中国文学の名著を鑑賞する能力を育む。

（二）古文を使用する能力を育む。

（三）継続して口語体の技術を発展させる。

（四）継続して文言での作文を練習する。

(2) 内容と方法

甲. 読解

精読と略読の二種に分けて、すでに整理された名著を用いて、学生自身が研究する。略読の書は、ただ鑑賞を通じて大意を了解するだけにとどめ、精読の書は詳細な了解をもって文学的技術を重視するべきである。授業では教員と学生の討論とする。

〈注〉ここでの「整理された」とは以下の五条件である。(1) 標点、(2) 分段、(3) 校勘、(4) 簡明な注釈、(5) 詳細な序論。このような整理を経ていないものは学生の自修に不便である。

精読と略読は暫定的に八種の名著を最低の数とする。その題材は以下の附表にあげた通りである。

(附録) 高級中学で読むべき名著の例

一組：1. 水滸伝　2. 儒林外史　3. 鏡花縁
4. 古白話文選　5. 時代の近い長編白話文選
6. 諸子文粋　7. 四書（縮約版）
8. 古史家文粋（国策、左伝、史記、漢書、後漢書、晋書）
9. 王充　10. 史通　11. 韓愈
12. 欧陽脩　13. 王安石　14. 蘇軾
15. 朱熹　16. 王守仁　17. 清代経学大師文選
18. 崔述　19. 姚鼐　20. 曽国藩
21. 厳復訳文選録
22. ウォルター・スコット『アイヴァンホー』（林紓訳）
以上のなかから精読を六種、略読を五種。

二組：23. 詩経（縮約版）　24. 唐以前の詩（主に古楽府）
25. 唐詩（主に李白、杜甫、張籍、韓愈、白居易、杜牧など）
26. 唐以降の詩（主に蘇軾、陸遊、范成大、楊萬里、李東陽、呉偉業、黄景仁など）
27. 詞曲　28. 戯曲
以上のなかから精読を二種、略読を三種。

乙. 文法

口語体と古文文法の比較研究を重視する。最も良いのは学生が習った外国文の文法との比較研究である。修辞学は独立して教える必要はなく、読解の際に随時討論すればよい。

丙. 作文

内容のある実質的な文学技術を重視すべきである。精読した名著の報告、研究をもって、作文に代えてもよい。

(3) 卒業最低限度の標準

（一）指定した中国文学名著から八種以上を精読したか。
（二）指定した中国文学名著から八種以上を略読したか。
（三）唐宋八家の古文と同等程度の古文に標点をつけることができる。
（四）自由に口語体を用いて思想を発表することができる。

(3−2) 高級中学第一組必修特設国文課程綱要（胡適起草）

〈注〉もとはこの科目を八学分と仮定していたが、二つに分けて、それぞれを四学分にする。

【一】文字学序説

(1) 目的

1. 学生が中国文字の変遷の歴史を概説的に理解できる。
2. 学生が中国文字学の研究（Philology）に必要な知識をそなえる。

(2) 内容

1. 甲骨文字の概略
2. 金文の概略
3. 詩経から楚辞まで
4. 同文で書かれた以後の言文分岐
5. 六書、辞書、韻書、反切
6. 発音学（Phonetics）の要旨
7. 語音の変遷
8. 字義の変遷
9. 文法の進化
10. 今日の古文、国語、方言
11. 比較文字学（Comparative Philology）

【二】中国文学史序説

(1) 目的

1. 学生が中国文学の沿革史を概説的に理解できる。
2. 学生が古文文学と国語文学の歴史上の位置を了解できる。

(2) 内容

1. 第一時期：詩経から史記まで
2. 第二時期：司馬相如から初唐四傑まで
   甲. 貴族文学　　乙. 平民文学（南北楽府）
3. 第三時期：唐・五代
   甲. 古文　　乙. 韻文　　丙. 白話文
4. 第四時期：宋・金・元
   甲. 古文　　乙. 韻文　　丙. 平民文学：（一）曲子・戯曲、（二）小説
5. 第五時期：明・清
   甲. 貴族文学と科挙文学　　乙. 平民文学の成熟（小説）
6. 革命と建設

(3−3) 高級中学第一組必修論理学初歩課程綱要（胡適起草）

(1) 分量

毎週三時間として、一学期では三学分とする。

(2) 内容

1. 緒論
   甲.「推理」とは何か？
   乙.「証拠」とは何か？
   丙. 推理はどのように訓練すべきか？
2. 推理のプロセス
   甲. 疑わしく判断しがたい事柄の出現。
   乙. 解決方法の探索。
   丙. 仮説。
   丁. 証明

日常の例、探偵小説の例、考証学や科学史での例をあげながら、これらのプ

ロセスを説明すべきである。

3．「仮説」論（Hypothesis）

甲．仮説の重要性

乙．仮説の危険性

4．論証の方法

甲．通則を用いて個別事例を証明する。（演繹）

乙．個別事例を用いて通則を証明する。（帰納）

丙．個別の暗示から別の事例を推測する。（類推）

丁．仮説の条件によって、ある状況をつくり、通則が成立するかどうか試す。（試験）

戊．実際に推理の方法は一つだけではなく、それぞれを併存して用いる。

5．誤謬論

【出典】

前掲書新学制課程標準起草委員会編『新学制課程標準綱要』において、「国語科」は小学1-5頁、初級中学52-56頁、高級中学82-85頁、高級中学における「特設国文」は102-104頁、「論理学初歩」は107-108頁を参照。

参考資料2　壬戌学制学校系統図

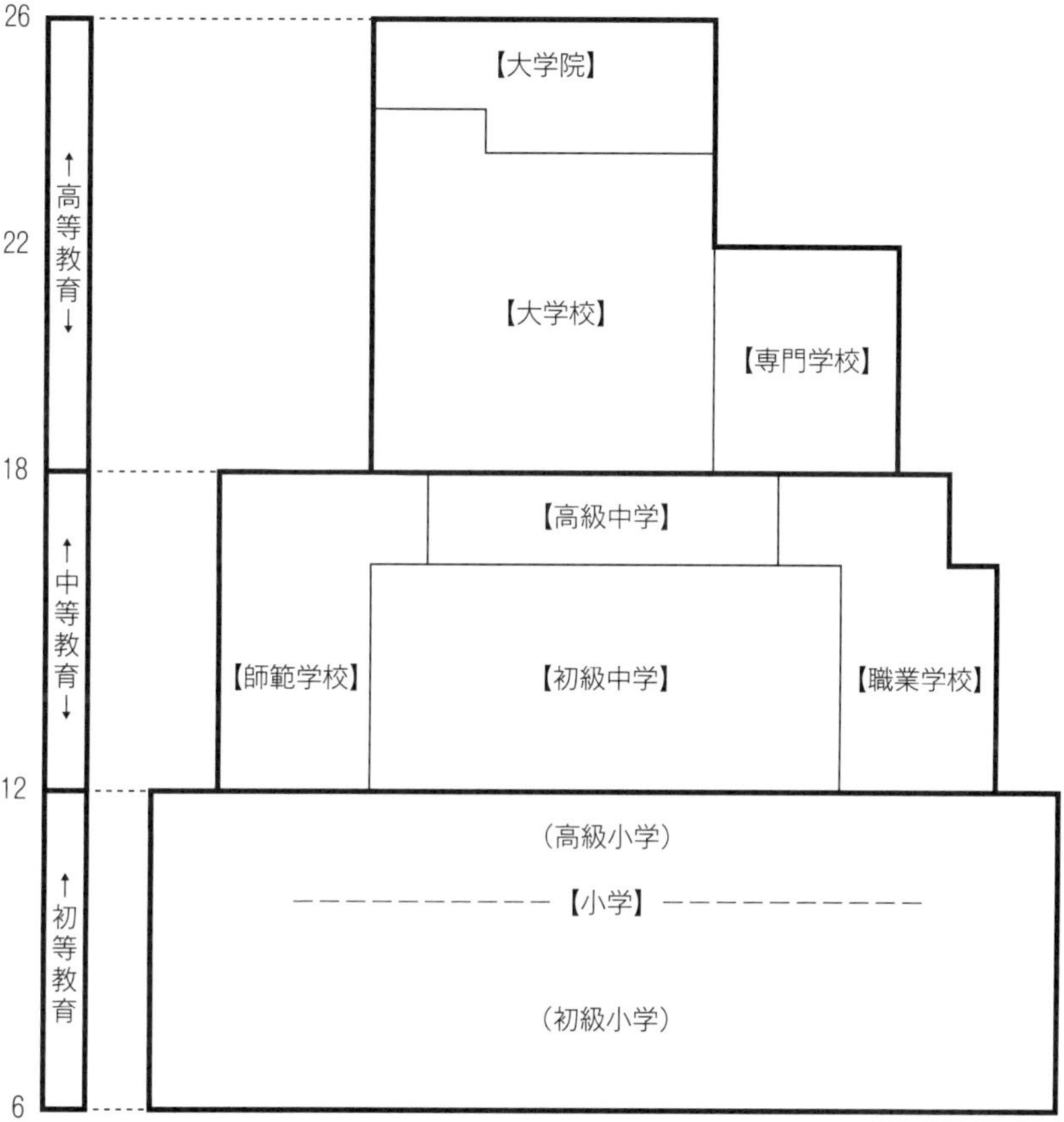

出典：前掲書新学制課程標準起草委員会編『新学制課程標準綱要』132頁をもとに作成。

参考資料3　新学制課程標準綱要の趣意書

民国11年10月に済南で第8回全国教育会連合会が開催され、新学制系統草案が議決された。それを受けて、新学制標準起草委員会を組織し、以下の四か条を定めた。

新学制課程標準起草委員会の概則

一、組織：

委員会における公選委員の五名を推薦し、専門家に編成と起草を依頼する。

二、会期：

4か月を標準とする。

三、経費：

各省教育会から50元、区教育会からはその半分とする。

四、方法：

連合会から提出された各案をもとに、委員会では課程標準綱要を審議する。各省区には定期的に意見を求め、それらをふまえながら課程標準綱要を編成し、連合会事務所へ送付、教育部へ進呈、各省区へ通告する。（連合会としては会員から意見があれば、等しく委員会へ送付する。）

投票によって以下の五名が公選委員として選出された。

袁希濤、金曾澄、胡適、黄炎培、経亨頤

民国11年10月21日、北京で第一次委員会が開催され、これからの進行について定められた。五名の公選委員は、北京、南京、広州、浙江の四か所からであり、それぞれ高級中学、初級中学、小学におけるスコープとシーケンスの議論をした。一方で、各省区には意見や討論を集めるように通告した。

12月6日から3日間継続して、南京で第二次委員会が開催された。各専門家に出席を依頼して、それぞれ持ち寄ったスコープとシーケンスを共同で討論し、中学と小学の卒業標準をもとに、中学と小学の二組に分かれて、各科目の要旨を作成し、各専門家に各科目の課程標準綱要の草案を編成するように依頼した。

各専門家は小学、初級中学、高級中学の三組に分かれて、各科目の課程標準綱要を編成した。それらを収集し整理して、専門家に各校種と各科目の接続関係から

シーケンスのチェックを依頼した。一方で、各省区からの意見が寄せられた。

民国12年4月25日から11日間継続して、上海で第三次委員会が開催された。小学と初級中学における各科目の課程標準要綱が策定され、高級中学については内容が複雑であるため、専門家にさらなる討論を依頼し、全体の総綱が編成された。

民国12年6月4日、上海で第四次委員会が開催された。小学と初級中学の各科目、高級中学の総綱が議決され、ここに完成したことで公刊へと至った。

新学制では各学校で活動主義を広く採用する。各学校と学科の性質はきわめて複雑で、我が国の地方は広大であり、各地の情勢は一致しがたく、時には緊迫しているため、この新たな課程標準綱要には大学、専門学校や職業学校を含めず、それらを編成することはなかった。小学から高級中学までの普通科は、各専門家を頼って討論、編成し、委員会で議決して、全国の教育会が参考に供しうるものとなった。（師範学校の草案は各省区から意見が寄せられ、まだその返信を示すことができず、編成へと至っていない。）各所から意見を収集し、委員会を重ねてきたが、往復に時間がかかり、元に定めた4か月の会期を過ぎてしまった。ここに同人へ深謝するとともに、おわびを申し上げる。

新学制課程標準起草委員会　誌

【出典】
前掲書新学制課程標準起草委員会編『新学制課程標準綱要』1-2頁。

参考資料4　デューイの中国情勢にかかわるエッセイ一覧

Year	*Journal*	Article
1919	*Asia*	Transforming the Mind of China
		Chinese National Sentiment
	The New Republic	The Student Revolt in China
		The International Duel in China
		Militarism in China
		The American Opportunity in China
		Our Share in Drugging China
1920	*Asia*	The New Leven in Chinese Politics
		What Holds China Back
	The New Republic	The Sequel of the Student Revolt
		Shantung, as Seen from within
		China's Nightmare
		A Political Upheaval in China
		Industrial China
1921	*Asia*	Old China and New
		New Culture in China
	Baltimore Sun	Shrewd Tactics are Shown in Chinese Plea
		Four Principles for China
		Angles of Shantung Question
		Chinese Resignations

1921	*China Review*	The Tenth Anniversary of the Republic of China
	Chinese Students' Monthly	China and Disarmament
	The New Republic	Is China a Nation?
		The Consortium in China
		Hinterlands in China
		Divided China
		Shantung Again
		Federalism in China
1922	*Asia*	As the Chinese Think
	The New Republic	America and Chinese Education

出典：*The Middle Works of John Dewey,* vol.12, vol.13 & vol.14をもとに作成。

略年譜

年	胡適	デューイ	備考
1859		アメリカ、バーモント州に生まれる	ダーウィン『種の起源』出版
1861			南北戦争（～1865年）
1884		ミシガン大学に着任	
1888		ミネソタ大学に着任	
1889		ミシガン大学に着任	
1891	中国、上海に生まれる（本籍：安徽省績溪県）		
1894	父の任地である台湾で過ごす	シカゴ大学に着任	日清戦争（～1895年）
1896		実験学校の設置	
1899		『学校と社会』出版	
1904		コロンビア大学に着任	日露戦争（～1905年）
1905	澄衷学堂に入学	アメリカ哲学会会長	
1906	中国公学に入学		
1910	公費留学第二次派遣に合格 コーネル大学農学院に留学	『思考の方法』出版	
1911			辛亥革命
1912	春学期から文学院に転科		
1914	コーネル大学卒業		第一次世界大戦（～1919年）
1915	コロンビア大学に進学		『青年雑誌』創刊（後に『新青年』）
1916		『民主主義と教育』出版	

年	胡適	デューイ	備考
1917	「文学改良芻議」 博士論文審査 ➡ 中国に帰国 北京大学に着任		
1918	「建設的文学革命論」 〈注音字母公布〉		
1919	国語統一籌備会 「実験主義」 「問題と主義」論争	日本訪問 中国訪問	五四運動
1920	〈国語教科書整備〉		
1921		アメリカへ帰国	
1922	第8回全国教育会連合会 新学制課程標準起草委員会 〈壬戌学制公布〉		
1923	〈新学制課程標準綱要の完成〉 ＝〈「国語科」の成立〉		

著者紹介

山下大喜（Daiki YAMASHITA）

現職：山口大学教育学部講師

専門領域は教育学（カリキュラム研究、教育史）。名古屋大学大学院教育発達科学研究科博士後期課程修了。博士（教育学）。日本学術振興会特別研究員（DC2）、愛知教育大学・中京大学非常勤講師、宇部工業高等専門学校一般科講師などを経て現職。アジア教育史学会2022年奨励賞受賞。主に中国近代および台湾をフィールドとしたカリキュラム論の特質、教育思想の受容史について研究を進めている。

主要業績：

・「台湾から解釈型歴史学習の可能性を考える」、土屋武志、白井克尚編著『グローバル社会における解釈型歴史学習の可能性』帝国書院、2024年3月。
・Chinese educational development through the lens of John Dewey, *History of Education Researcher*, No. 111, May 2023.
・「中国近代における「国語科」カリキュラム論の形成―胡適の模索を中心に―」、日本カリキュラム学会『カリキュラム研究』第32号、2023年3月。
・「愛知県新城市立新城小学校における校内授業研究の基盤構築―渥美利夫による校長室通信『考える』の分析をもとに―」、愛知教育大学歴史学会『歴史研究』第68号、2022年9月（白井克尚、生嶌亜樹子、久野弘幸との共著）。
・「胡適と国語教育改革―中国近代における「国語科」の創成―」、日本教育学会『教育学研究』第87巻第4号、2020年12月。

中国近代《ちゅうごくきんだい》における「国語科《こくごか》」の創成《そうせい》
――胡適《こてき》の思想的模索《しそうてきもさく》――

2024年9月25日　初版発行

著　者　山　下　大　喜

発行者　清　水　和　裕

発行所　一般財団法人　九州大学出版会
〒819-0385 福岡市西区元岡744
九州大学パブリック4号館 302号室
電話　092-836-8256
URL　https://kup.or.jp/
印刷／城島印刷㈱　製本／篠原製本㈱

The Creation of Curriculum Standards for Language Education in Modern China: Hu Shih’s Contemplation and Practice

Printed in Japan　ISBN 978-4-7985-0379-0